中國學術思想 研究輯刊

十 編

林慶彰 主編

第 15 冊

賈誼《新書》思想探究

陳司直 著

花木蘭文化出版社

國家圖書館出版品預行編目資料

賈誼《新書》思想探究／陳司直 著 — 初版 — 台北縣永和市：
花木蘭文化出版社，2010〔民 99〕

目 2+136 面；19×26 公分

（中國學術思想研究輯刊 十編；第 15 冊）

ISBN：978-986-254-344-3（精裝）

1.（漢）賈誼　2.新書　3.學術思想　4.研究考訂

122.127　　　　　　　　　　　　　　　　　99016454

ISBN - 978-986-2543-44-3

9 789862 543443

中國學術思想研究輯刊

十　編　第十五冊　　　　　　　ISBN：978-986-254-344-3

賈誼《新書》思想探究

作　　者　陳司直
主　　編　林慶彰
總 編 輯　杜潔祥
出　　版　花木蘭文化出版社
發 行 所　花木蘭文化出版社
發 行 人　高小娟
聯絡地址　台北縣永和市中正路五九五號七樓之三
　　　　　電話：02-2923-1455 ／傳真：02-2923-1452
網　　址　http://www.huamulan.tw 信箱 sut81518@ms59.hinet.net
印　　刷　普羅文化出版廣告事業
封面設計　劉開工作室
初　　版　2010 年 9 月
定　　價　十編 40 冊（精裝）新台幣 62,000 元

賈誼《新書》思想探究

陳司直　著

作者簡介

陳司直台灣省高雄縣人，國立中正大學中國文學研究所畢業，高雄國立師範大學國文研究所候選人，現任職於吳鳳科技大學通識中心講師。主要研究領域為先秦兩漢諸子思想。發表論文〈先秦神仙思想之「長生不死」觀〉、〈自柳宗元諷諭作品談其生命之悲怨情懷〉、〈略論《昭明文選》志類賦〉、〈董仲舒對漢代儒學質變量變及影響〉、〈彭曉《周易參同契分章通真義》「修丹與天地造化同途」時空義意和「元氣」思想〉、〈嵇康六言十首探析〉……等著作。

提　　要

　　漢初建國朝廷尚黃老思想，惟以「清淨無為」作為政治方針，而漢初諸學者於董仲舒提倡儒術之前，乂、景時期，唯賈誼能審時度勢提出各方建言的學者，其思想主張影響了漢初景·武二帝的治國政策。賈誼除了治國上的主要政策建言之外，思想精神方面，亦意圖為漢代政治社會建構一形上根據和價值標準，其精神思維則表現於其哲學思想的創思上，提出道德論解釋宇宙創生之形上根源問題，建構其尚「六」的人生價值體系，也提到天人相應說作為其民本思想的憑依。政治上賈誼擅於分析時勢，從法家「勢」的觀念，指出當時制度疏闊和諸侯坐大問題，要求中央以強力鞏固中央政權。社會思想方面，主張以儒家「禮」為本，尊君卑臣，以禮「定經制」。作為治國政權的依據。經濟思想上要求國君重農本，抑商業，改革幣制，重本、蓄積、戒奢、禁私幣。對於漢初的「和親獻賂」的外交政策，賈誼則提出具體的「三表」「五餌」方法，企圖改善與匈奴以來長期的對立衝突。

　　觀賈誼《新書》一書，實包含了漢初哲學、政治、社會、經濟、外交等個方面的問題，也包含了賈誼對漢初整個國家局勢和政策的分析，也提出他各人的思想見解，惜賈誼提出的各種政策，雖未為文帝所重用與採納，但後為文、景二帝至漢武時期政商社會打下了治國藍圖。

目

次

第一章　緒　論

第一節　賈誼生平介紹

　　賈誼爲漢初之政論家與文學家，賈誼辭賦於我國辭賦發展史上，有著承
先啓後之卓越貢獻與地位，《文心雕龍・詮賦》篇云：「漢初詞人，順流而下，
陸賈扣其端，賈誼振其緒。」而在散文成就上，其文則「氣勢縱橫，說理透
闢，筆力鋒利。」〔註1〕又爲漢代政論文之重要代表，然而，賈誼於歷史上的
重要性非止於文學而已。漢代開國之初由於歷經長期戰爭之破壞，導致政治
上是諸侯僭越、制度動搖，社會方面亦風俗敗壞、道德崩潰，經濟上則民生
凋敝、生產低落，又加上長期以來的邊患問題，故漢代國家創建之初，當務
之急唯在恢復社會秩序，建立起穩固之政治與經濟體系，因此賈誼思想在政
論上，亦提出了漢初各層面所遭遇之各面向問題，清、盧文弨云：「西漢文武
之世有兩大儒焉，曰賈子，曰董子。」〔抱經堂本〈重刻賈誼新書序〉〕可見
賈誼思想於漢初，是有相當之貢獻和表現的。

　　由於賈誼在思想上所提出的各種意見和議論都與時代密切關聯著，且皆
指奸時弊，就事議論，在漢初「少文多質」的時代下，可謂是發前人所未發，
其主張不但提供了當時國家政策之正確方針，其高瞻遠矚的眼光，也爲漢代
之集權政治立下標竿，許多見解亦多成爲後世帝王執政之依據，《漢書・賈誼
傳》贊云：「劉向稱：『賈誼言三代，與秦治亂之意，其論甚美，通達國體，
雖古之伊、管未能遠過也，使時見用，功化必盛。』」由於賈誼之思想反映了

〔註1〕　見劉大杰《中國文學發展史》第六章，五、漢代的政論文，臺北，華正書局，
　　　　1994 年，頁 187。

漢初立國時之的各種問題，因此對於研究漢初思想的學者而言，無疑的賈誼思想是一個重要且必須探究的環節，經由了解賈誼之思想，將能使我們系統的一窺漢初局勢之梗概，了解漢初思想之全貌。

關於賈誼之生卒年及其重要事略，歷來研究賈誼者皆多所考辨，而今人王更生先生《賈誼學述三編》之〈賈誼年表證補〉，其據清、汪容甫《述學》之〈賈誼新書序〉所附「賈誼年表」，並採諸書之記載，證汪氏之正偽，補原表之缺失，已言之甚詳，足資研究者參考，故今據其所載，對照它書，將賈誼之重要經歷略述如下。〔註2〕

賈誼生於漢高祖七年（西元前200年），〔註3〕其先世史書上記載並不詳，據史、漢兩書之賈誼本傳所載，賈誼為河南郡雒陽人（今河南省洛陽縣）。

高后五年，（十八歲）賈誼以能誦詩書屬文聞於郡中，河南太守吳公，聞其秀才，召置為門人，甚幸愛之。

文帝元年，（二十二歲）吳公徵為廷尉，賈誼經由吳公之推薦，文帝召賈誼為博士，開始其政治生涯。而賈誼於朝庭，文帝每下詔令，諸老先生不能言，賈誼盡為之對，文帝說之，超遷，歲中至大中大夫。此年賈誼受學於張蒼（高后八年，淮南丞相張蒼已為御史大夫）。

文帝二年，（二十三歲）賈誼因見重於文帝，在大中大夫任內多獻興革之議，《漢書·賈誼傳》云：「誼以為漢興二十餘年，天下初定，宜改正朔，易服色制度，定官名，興禮樂，乃草具儀法，色尚黃，數用五，為官名悉更奏之。」故條〈五曹官制〉五篇以奏。又《漢書·賈誼傳》云：「諸法令所更定，及列侯就國，其說皆誼發之。」由於賈誼能於政治上多所建言，文帝甚嘉喜之，乃欲議以賈誼任公卿之位，然因其悉遣列侯就國之議，不利於一班元老重臣，故為絳、灌、東陽侯、馮敬之屬所不滿，毀誼曰：「雒陽之人，年少初學，專欲擅權，紛亂諸事。」（《漢書·賈誼傳》）絳、灌、馮敬等人本為漢朝甚具勢力之開國重臣，且「誅呂擁劉」擁戴文帝即位，文帝忌憚不敢得罪之，自此文帝漸疏賈誼。

文帝三年，（二十四歲）賈誼謫為長沙王太傅，意甚怏怏，渡湘水，乃為

〔註2〕 賈誼生平、著作與漢初之時事、紀年等，另可參考祈玉章《賈子探微》第二章，賈子年表，而祈書所據者仍為汪表。此外，亦可參考三民書局譯註之《賈長沙集》附錄之「賈誼年表」，然該表所繫雖詳，許多方面仍有可議。另外有蔡延吉《賈誼研究》所附之年表，其所據者則為王更生之《賈誼學術三編》。

〔註3〕 參見王更生《賈誼學述三編》前編，二、賈誼年表證補，《慶祝林尹先生六秩誕辰論文集》。

賦追弔屈原以自諭。

文帝四年，（二十五歲）絳侯周勃謀反，逮詣廷尉詔獄《漢書・賈誼傳》言：「是時丞相絳侯周勃免，就國。人有告勃謀反，逮繫長安獄治。卒亡事，復爵邑。故賈誼以此譏上。」自後文帝深納誼言，大臣有罪皆自殺，不復受刑。

文帝五年，（二十六歲）除盜鑄令，誼上諫除盜鑄令使民放鑄事，文帝不聽，《新書》卷三有〈銅布〉篇，卷四有〈鑄錢〉篇。

文帝六年，（二十七歲）賈誼徵見，文帝感鬼神之事，因問鬼神之本，賈誼具道其所以然之故，後拜賈誼爲梁懷王太傅，賈誼陳〈論時政事疏〉，並作〈鵩鳥賦〉。《漢書・賈誼傳》云：「誼爲長沙傅三年，有鵩飛入誼舍，止于坐隅，鵩似鴞，不祥鳥也。……乃爲賦以自廣也，其辭曰：『單閼之歲，四月孟夏，庚子日斜，鵩集余舍，止于坐隅。』」〔註4〕《史記・屈賈列傳》於載賈誼〈鵩鳥賦〉後云：「後歲餘，賈生徵見，……上因感鬼神事，而問鬼神之本，……拜賈生爲梁懷王太傅。」《漢書・賈誼傳》則謂：「乃拜賈誼爲梁懷王太傅，懷王，上少子，愛，而好書，故令誼傅之，數問得失。是時，匈奴彊，侵邊。天下初定，制度疏闊。諸侯王僭越，地過古制。淮南、濟北王皆爲逆誅，誼數上疏陳政事，多所欲匡建。」今《漢書・賈誼傳》錄有其陳政事疏全文，可與《新書》〈宗首〉、〈數寧〉、〈蕃傷〉、〈蕃彊〉、〈大都〉、〈等齊〉、〈服疑〉、〈五美〉、〈制不定〉、〈階級〉、〈俗激〉、〈時變〉、〈孽產子〉、〈銅布〉、〈屬遠〉、〈親疏危亂〉、〈解縣〉、〈威不信〉、〈保傅〉、〈匈奴〉、〈勢卑〉等篇參照之。

文帝八年，（二十九歲）帝封淮南厲王長子四人爲爲列侯，賈誼諫接王淮南諸子爲不當，故有《新書》卷四〈淮難〉篇。

文帝十一年，（三十二歲）六月，梁懷王入朝墜馬死，賈誼乃上疏請益封梁淮陽，帝從誼計，《新書》卷一有〈益壤〉、〈權重〉兩篇。

文帝十二年，（三十三歲）《史記・賈誼列傳》：「賈生自傷爲傅無狀，哭泣歲餘亦死，賈生之死時，年三十三。」此年誼上〈重農積貯疏〉。〔註5〕

賈誼死後留有作品：「賈誼五十八篇」、「五曹官制五篇」、「賦七篇」、「左氏傳訓詁」四種。（詳後）而賈誼後嗣有：賈嘉，賈誼之孫，至孝昭時列爲九

〔註4〕　王更生案《史記》集解引徐廣曰：「歲在卯曰單閼，文帝六年歲在丁卯。」依徐說則鵩鳥賦似作於文帝六年矣。見〈賈誼學述三編〉前編，二、賈誼年表證補。
〔註5〕　賈誼上重農積貯疏，或云爲文帝二年，或謂在文帝十二年，王更生案賈誼疏文中「漢之爲漢幾四十年矣」一語，採王耕心《賈子次詁》之說，認爲應在文帝十二年，詳見〈賈誼學述三編〉前編，二、賈誼年表證補。

卿。賈捐，賈誼之曾孫，元帝時以躁進坐誅，下筆言語妙天下，文辭之美有足稱。賈光，六世孫，孝宣時以吏二千石，自洛陽徙平陵。賈徽，八世孫，以經術名當世。賈逵，九世孫，爲漢代通儒，古文經傳大家。

賈誼之師承與思想領域方面，賈誼曾受業於張蒼學《左氏春秋》，〔註6〕又爲河南太守吳公之門人，張蒼爲荀子之弟子，「好書律歷，秦時爲御史，主柱下方書。」（《史記・張丞相列傳》）吳公「故與李斯同邑，而嘗學事焉。」（《漢書・賈誼傳》）文帝時因以「治平爲天下第一」（《漢書・賈誼傳》），徵以爲廷尉，掌朝廷刑辟之事，從賈誼之師承而言，賈誼之學與法家乃頗有淵源，〔註7〕所以《史記・太史公自序》謂：「賈生晁錯明申商」，故賈誼於政治上主張以法家「權勢法制」之觀點，削弱諸侯王，集權中央，然而賈誼思想中雖重法家精神，但又不全然認同法家，賈誼認爲「法者禁於已然之後」且「刑罰積而民怨背」，故主張由「禁於已然之後」的「法」通向「禁於將然之前」的「禮」，以期「絕惡於未萌，而起教於微眇」。在社會思想方面，賈誼提倡節儉，其重「禮」不重「樂」的思想，則又類墨子主張。在教化上，賈誼乃採孟、荀之主張，重「漸」重「積」，又把儒家「禮」運用到經濟上。此外，在其探求人生根源與自我排解境遇挫折方面，則通向道家老莊思想，並且明習法令，熟諳制度，建議文帝改正朔，易服色制度，定官名，主張「色上黃，數用五」。凡此種種，可知賈誼之治學和思想是非主一家。〔註8〕正如《史記・屈賈列傳》所言：「頗通諸子百家之書」，《漢書・賈誼傳》亦云：「頗通諸家之書」。然而，整體而言，從賈誼政治、社會與經濟思想上所強調之儒家「禮」思想，及其「禮」之中帶有的濃厚法家思想意味，可以說賈誼的思想主要是以儒法爲主，而由於賈誼思想爲以儒法爲主，而又雜揉各家學說，所以史書中亦有將其著作列入雜家者。〔註9〕總之，賈誼思

〔註6〕 王更生雖於〈賈誼學述三編〉三、〈賈誼學術傳授考〉中主張張蒼傳賈誼《左氏春秋》，然他對於賈誼以爲漢應「色尚黃，數用五。」和張蒼主張：「以爲漢當水德之時，尚黑如故。」師生兩者意見上的相異，在〈愛國少年賈誼〉一文中認爲此爲賈生《左氏傳》自張蒼之可議原因之一，此點徐復觀亦有相同之看法，參見氏著《兩漢思想史》卷二，〈賈誼思想的再發現〉三、賈誼的思想領域，臺北，台灣學生書局，1993年，頁121～123。

〔註7〕 傅樂成於〈漢法與漢儒〉中云：「賈誼受知於廷尉吳公，而吳公是李斯的弟子，自是法家。賈誼雖非吳公弟子，但受吳的影響，則可以想見。」見《漢唐史論集》臺北，聯經，1977年，頁49。

〔註8〕 關於賈誼的思想領域，參見徐復觀《兩漢思想史》卷二，〈賈誼思想的再發現〉三、賈誼的思想領域，同前註6，頁119～121。

〔註9〕 傅樂成於〈漢法與漢儒〉中云：「以漢志雜家的定義觀之，文帝時的賈誼，漢

想之特色在於能綜覽百家，融會貫通，以形成他自己獨特的思想體系，且其思想又多能依據現實問題的需求，兼採各家之長以運用之，展現他不同角度之思考性質。

此外，賈誼的交遊方面，與賈誼關係較密切之人，除了君師關係中之文帝、張蒼與吳公之外，據《史記》所載爲宋宗一人而已。〈日者列傳〉云：

> 宋宗爲中大夫，賈誼爲博士，同日俱出洗沐，相從議論，誦易先王聖人之道術，究遍人情，相視而歎。賈誼曰：『吾聞古之聖人，不居朝廷，必在卜醫之中，今吾已見三公九卿，朝士大夫皆可知矣，試之卜數，中以觀采。』二人即同輿而之市，游於卜市中。

《史記・日者列傳》載賈誼與宋宗兩人同詣卜者司馬季主，司馬季主與之究論人情，別賢不肖之分，以明先王聖人之道，欲以戒彼浮華誇虛，其曰：「君子處卑隱以辟衆，自匿以辟倫，微見德順以除群害，以明天性，助上養下，多其功利，不求尊譽。公之等喁喁者也，何知長者之道。」所謂「道高益安，勢高益危」，「爲人主計者而不審，身無所處。」司馬季主之意，蓋以譏宋宗、賈誼之行，一抵罪而沒，一獨恨而死，皆爲「務華絕根者也」。

從賈誼生平之事略與經歷看來，賈誼處在一個政權未安，外逢匈奴覬覦，內遇諸侯傾軋的時代，他能以過人的識見與才華，在政治上，斟酌時勢，發言議論，在文學上，承先啓後，開漢賦之新局，可以說是個「忠君愛國」「才華洋溢」充滿著生命力的少年。而賈誼二十餘歲即至大中大夫，在政治上的表現，亦可用鋒芒畢露、積極進取來形容，但他這種在政治上忠言直諫的風格，卻也使得他受到周勃、瓘嬰、鄧通之屬的讒言排擠，〔註10〕而被文帝貶爲長沙王太傅，所謂「不得盡其才，而格於大臣之媢也。」（明、劉鳳〈賈生論〉）然而終文景之世，班固《漢書・賈誼傳》贊稱：「誼之所陳，略施行矣。」班固認爲賈誼是「雖不至公卿，未爲不遇。」其言或是。

在賈誼的政治際遇中，由長沙王太傅遷任梁懷王太傅，可以說是他生命中的轉機，然賈誼在遭梁懷王墜馬而死之事後，卻由於自責與悲泣，竟意不自得的獨恨以終，蘇軾〈賈誼論〉曾云：「觀其過湘爲賦，以弔屈原，紆鬱憤

志雖列其著作爲儒家，實際上他可以說是位雜家。」故唐以後之史書有將其列入雜家者。同前註9，頁49。

〔註10〕應劭《風俗通義・正失》載，賈誼爲大中大夫時，曾數勸文帝勿與鄧通等人遊獵，是時賈誼與鄧通俱位侍中，賈誼厭惡鄧通爲人，曾於朝廷上當面與以批評，臺北，台灣商務印書館，1990年。

悶，趨有遠舉之志。其後卒以自傷哭泣，至於死絕，是亦不善窮處者也。夫謀之一不見用，安知終不復用也？不知默默以待其變，而自殘至此。」蘇軾批評賈誼缺乏進退經驗乃「不善窮處者也」，而太史公於《史記‧日者列傳》中亦言其不知養晦之貴是「務華絕根者也」，固然賈誼因年少氣盛、缺乏進退經驗、不知養晦之貴，是他所以「深志自許」最後悲鬱而死的主因，但也正是賈誼對自己的這種致死不悔的深切自許，才使得賈誼能建策匡諫、功在漢祚，使其短暫之生命能夠互古綻放的原因。

第二節　賈誼《新書》介紹

賈誼之著作，據《漢書‧藝文志》載，有諸子略儒家之「賈誼五十八篇」，陰陽家之「五曹官制五篇」，詩賦略「賈誼賦七篇」，又《漢書‧儒林傳》載：「漢興，北平侯張蒼及梁太傅賈誼，京兆尹張敞，太中大夫劉公子，皆修左氏傳，誼爲左氏傳訓詁，授趙人貫公，爲河間獻王博士。」在上列所舉之賈誼四種著作中，現存「賈誼五十八篇」及五篇賦，而除《史記》中所載之〈過秦論〉外，《漢書》於〈賈誼傳〉、〈食貨志〉、〈禮樂志〉，尚分別載有其〈陳政事疏〉、〈論積貯疏〉、〈上都輸疏〉、〈諫鑄錢疏〉、〈請封建子弟疏〉、〈諫立淮南諸子疏〉、〈論定制度興禮樂疏〉等多篇奏疏。

賈誼賦七篇，今存五篇，爲〈弔屈原賦〉、〈服鳥賦〉、〈惜誓〉、〈旱雲賦〉、〈虞賦〉等，皆爲賈誼述志抒情之作。五曹官制五篇，班固自注云：「漢制，似賈誼所條。」「五曹官制」乃漢初統治法式之據，今人考之或推言賈生曾參與其作。〔註11〕賈誼五十八篇，即今之賈誼《新書》十卷，爲漢初賈誼上疏文帝所提出的種種建言與措施，是研究賈誼思想的最基本資料。

賈誼《新書》十卷，五十八篇，自〈過秦上〉迄〈鑄錢〉三十二篇爲「事勢」，若不計〈過秦〉上、中、下三篇（此三篇論秦事，爲《史記》所收錄），自〈宗首〉至〈鑄錢〉二十九篇，其中六篇〈等齊〉、〈服疑〉、〈審微〉、〈瑰

〔註11〕徐復觀《兩漢思想史》卷二，〈賈誼思想的再發現〉三、賈誼的思想領域，以《新書‧無蓄》最早徵篇引「王制」之文，及漢、盧植謂「漢文帝令博士諸生作此篇」而言賈生或曾參與其事。蔡尚志《賈誼研究》第二章、第五節〈「五曹官制」爲賈誼之遺說考〉，則據文帝採公孫策重申賈誼土德之議，詔博士諸生刺六經作〈王制〉諸事，參之清代程延祚〈王制作者考〉、黃式三〈王制封國說〉及王夢鷗〈王制校證〉所列諸原因，推「五曹官制」五篇爲賈誼所作。

瑋〉、〈壹通〉、〈屬遠〉，或因文旨特殊，如〈審微〉專言《春秋》，或因立義與它篇重復，如〈等齊〉〈服疑〉與〈階級〉重復，〈瑰瑋〉與〈憂民〉〈無蓄〉重復，〈壹通〉〈屬遠〉與〈淮難〉〈匈奴〉〈勢卑〉重復，故爲班固採其二十三篇見錄於《漢書》傳志。又〈傳職〉至〈道德說〉十八篇爲「連語」，而〈問孝〉有目無書，〈傳職〉、〈保博〉、〈容經〉、〈輔佐〉四篇文散見於《大戴禮》中。另〈大政上〉至〈傳〉九篇爲「雜事」，其中〈禮容語下〉有目無書，〈胎教〉篇文亦散見《大戴禮》〈保博〉篇中。〔註12〕此三類之內容，凡屬「事勢」者，皆賈誼爲文帝陳政事；「連語」諸篇，爲告君之言或與門人講學之語；「雜事」類，爲平日所稱述誦說者。〔註13〕

　　賈誼《新書》與《漢書》所錄之賈誼奏疏因多有重復，且《新書》經久歷時，故歷代有不少關於《新書》之名稱、篇數、卷數、眞僞、版本等問題，有待考查。

　　首先是名稱上，《新書》之名後出，《漢書》中但稱「賈誼五十八篇」而已，將賈誼五十八篇著述稱爲《新書》者，歷來皆以始自《新唐書》，〔註14〕或主張以「新書」專名賈誼之書者，爲自宋、元以後，如孫詒讓《札迻》卷七〈賈子新書校條〉云：

　　　　蓋「新書」本非賈書之專名，宋元以後，諸子舊題刪易殆盡，惟賈
　　　　子尚存此二字，讀者不審，遂以「新書」專書專屬之賈子，校刊者
　　　　又去賈子而但稱「新書」，展轉訛省，忘其本始，殆不可爲典要。

又清、王耕心《賈子次詁·翼篇四·緒記》云：

　　　　原名賈子，宋元以後諸家刊本，乃改爲新書，其義諸不可解。考新書
　　　　爲名，大率以記出無憀，不足奉爲典要。如王荃王氏新書，虞喜志林
　　　　新書，杜夷幽求新書，晁錯晁氏新書之屬皆是也，其名泛濫已甚。

然據梁、劉勰《文心雕龍·諸子》篇中所載：「陸賈典語，賈誼新書。」之語，及清、孫詒讓《札迻》卷七〈賈子新書校條〉云：「案馬總《意林》二引此書，

〔註12〕《新書》篇章與《漢書》《大戴禮》之間的文字出入疑問和考證情況，參見王
　　　　更生《賈誼學術三篇》前編四、賈誼著述錄存，蔡延吉《賈誼研究》第二章、
　　　　第三節新書眞僞考。

〔註13〕參見祁玉章《賈子探微》第三章、第一節眞僞考，臺北，三民書局，1969年，
　　　　頁37。

〔註14〕《舊唐書·經籍志》子錄儒家類尚云：賈子九卷，至《新唐書·藝文志》子
　　　　錄儒家類則云：賈誼新書十卷。

題『賈誼新書十卷』，高似孫《子略》載庚仲容《子鈔》目同，則梁時已稱『新書』，非始自《新唐志》始也。」則賈誼《新書》之名，知梁時已有，非始自《新唐書》，或宋、元以後。〔註15〕

篇目上，《漢書・藝文志》所云：「賈誼五十八篇」，今闕〈問孝〉〈禮容語上〉，此兩篇有目無文，故實五十六篇，而歷來學者皆以《漢書》五十八篇之數爲準，並無多大之爭議。其不足此數者，或合〈過秦中、下〉爲一，或〈禮容上、下〉爲一，或脫去目錄，而補足之法，則多據《漢書》中之有關之敘述，比照新書篇目加以補充改定而已。〔註16〕

卷數上，據各史志之記錄：

《隋書・經籍志》子錄儒家類云：賈子十卷。

《舊唐書・經籍志》子錄儒家類云：賈子九卷。

《新唐書・藝文志》子錄儒家類云：賈誼新書十卷。

《宋史・藝文志》子部雜家類云：賈誼新書十卷。

則知賈誼之書在《舊唐書》以前尚有九卷本。然清、《四庫全書總目題要》子部儒家類，錄漢賈誼《新書》十卷，謂並無所謂九卷之說。於此，清、余嘉錫《四庫題要辨證》已有所辨明云：「梁庚仲容子鈔有賈誼新書九卷，是書自唐以前，已有九卷、十卷兩本之不同，新舊志各據所見錄之耳。」其說大抵可信。〔註17〕

真偽問題上，對於《新書》與《漢書》之賈誼〈陳政事疏〉之間的真偽問題，則各家說法不一：

一、以其爲偽者

宋、朱熹《朱子語類》卷一三五與黃震《黃氏日抄》卷五十六〈賈誼新書條〉，皆稱《新書》乃賈誼之「雜記稿」耳，《朱子語錄》云：「賈誼新書，除了漢書中所載，餘亦難得粹者，看來只是一雜記稿耳，中間事事有些個。」陳振孫《直齋書錄解題》卷九，更謂：「非《漢書》所有者，輒淺駁不足觀，

〔註15〕關於賈誼《新書》名稱考，可詳見蔡延吉《賈誼研究》第二章、第一節新書名稱考，臺北，文史哲，1984 年，及蔡尚志《賈誼研究》第二章、第一節賈誼書之名稱及篇目考，政大中文研究所碩論，1977 年。

〔註16〕篇目考證，參見蔡延吉《賈誼研究》第二章、第二節新書篇名考，二、篇目，同前註15。

〔註17〕參見蔡延吉《賈誼研究》第二章、第二節新書篇名考，一、卷數，同前註15。

決非誼本書。」主張《新書》非《漢書》傳志所載者，乃割裂《漢書》敷衍而成，文辭卑陋，淺駁不足觀。

明、何孟春《賈太傅新書・序》云：「誼嘗改正朔，易服色，定制度，興禮樂，草具其儀法，色尚黃，數用五，為官名，更奏之，今《新書》略不見一焉，益足徵孟堅之所謂五十八篇者，散軼多以矣。……後人因其書散軼，而幸掇其僅存者，無復倫次，篇析而章裂之，以求足所謂五十八篇之數。」

清、姚鼐《惜抱軒詩文集》卷五〈辨賈誼新書〉及近人戴君仁〈論賈誼的學術並及其前後的學者〉亦與陳振孫持相同看法，主張《新書》文辭卑陋淺駁，乃割裂《漢書》敷衍而成。〔註18〕

二、主張其書不全眞亦不全僞者

宋、晁公武《郡齋讀書志》卷十：「考之《漢書》，誼之著書未嘗散軼，然與班固所載，時時不同，固既云：『掇其切於世事者』，容有潤益刊削，無足怪也。」

清、盧文弨抱經堂文集〈重刻賈誼新書序〉，以《新書》篇中有賈誼自稱賈君之語，又〈勸學〉一篇語其門人，故謂出於其徒所纂輯。清、紀昀《四庫提要》卷九十一：「今本僅五十六篇，又〈問孝〉一篇有錄無書，實五十五篇，已非北宋之舊。又陳振孫《書錄解題》稱……且并非南宋時本矣。……決無摘錄一段立一篇名之理，亦無連綴十數篇合為奏疏一篇上之朝廷之理……好事者因取本傳所有諸篇，離析其文，各為標目。」清、孫志祖《讀書脞錄》卷四〈賈誼新書條〉：「《漢書》本傳及〈食貨志〉所載諸疏……或班氏小有潤色，而《新書》又間出後人點竄，未可定也。」

三、主張其書爲眞者

余嘉錫《四庫題要辨證》卷十子部，余氏之說皆針對於上述諸說加以辯駁，余氏首先在版本駁曰：「《提要》未見宋本，又不考之《玉海》，執陳振孫一家之言，以今本為非宋人所見，誤矣。」次據班固於本傳中所言：「誼上疏陳政事，多所欲匡建，其大略曰。」傳贊云：「凡所著述五十八篇，掇其切於世事者著於

傳。」顏師古注：「誼上疏言可爲長太息者六，今此至三而止，蓋史家直取其要切者耳。」而主張凡載《漢書》者，乃從五十八篇之中擷其精華而成。宋、王應麟之〈漢書・藝文志考證〉卷五，明、潛菴子〈賈子後志〉，明、朱圖隆《賈太傅新書・凡例》，近人劉師培《左盦集》〈賈子新書斠補・序〉及祈玉章《賈子探微》，徐復觀〈賈誼思想的再發現〉等皆主之。而徐復觀更謂：

> 且奏議之文，首須盡其委曲，不可斥爲「文辭卑陋」，又若後人僞造，
> 何不在文義上敷衍，卻在文字的格式語氣上敷衍，此不合常理。……
> 《新書》中未見本傳的部份，其思想的領域，廣闊而富有創造性，
> 絕未受有董仲舒及五經博士成立以後，思想向陰陽五行的格套演進
> 之影響。

徐先生並指出《新書》卷五〈傳職〉的內容，爲《大戴記》〈保博〉篇的一部份，證明《大戴記》係取自《新書》，非《新書》取之《大戴記》。徐先生對於上述懷疑者所持之理由，包括「版本問題」、「依段立篇問題」、「篇章出處分合」等等諸多問題，更進一步的補充余嘉錫之說，主張《新書》內容乃全出於賈誼，而冠以《新書》之名，並非出於賈誼，可能是出自其「至孝昭時列爲九卿」之孫賈嘉，或者其曾孫賈捐之手。而大陸學者魏建功、陰法魯、吳竟存、孫欽善等人，亦於《北京大學學報》〈關於賈誼《新書》眞僞問題探索〉一文中，更詳細的逐篇分析了《漢書》摘錄《新書》時，內容與原文的異同問題，並舉〈藩傷〉、〈權重〉、〈淮難〉三篇爲例，指出《漢書》的刪削改變了《新書》原文，甚至改得文義晦澀、觀點矛盾，他們在結論中認爲：「《漢書》載文的本源是賈誼原書，而且陳政事的數次上疏組成了原書的重要內容。第二，傳中所錄僅是五十八篇中『切於世事者』，班固是有選擇的。第三，載文只是敘其『大略』，班固作了剪裁加工的，不是全文。總之，正如王應麟所說：『班固作傳，分散其書，參差不一，總其大略』。……具體說，就是今本這一部分的絕大多數篇章不僅思想內容可靠，而且語文形式也比《漢書》引文更接近原貌。」〔註 19〕其探討更補充了余氏之論。凡此，諸家之說皆已針對懷疑者之論加以澄清，且論證合理，因此，近人研究賈誼時，大抵把《新書》當作可靠的研究材料。〔註 20〕

〔註 19〕參見《北京大學學報》（人文科學版）1961 年，第 5 期，魏建功等人之〈關於賈誼《新書》眞僞問題的探索〉。
〔註 20〕詳細論辯，參見余嘉錫《四庫題要辨證》卷十子部，徐復觀《兩漢思想史》

版本方面，今所能知之版本皆宋以後之版本，依其年代分別有：《建本》（佚）《潭本》（佚）《元末明初本》（佚）《吳郡沈頡本》（佚）《李夢陽本》（盧文弨稱：「於文義不順者，頗加竄改」）《陸相本》（陸心源〈儀顧堂題跋〉稱：「明正德九年長沙守陸相補刊，……此本勝於《吉藩本》，《吉藩本》勝於《程榮本》，《程榮本》勝於《何鏜本》，明刻諸本，以何元郎為最劣耳。」）《吉府重刻陸相本》（據正德九年之陸相本重刻）《何夢春訂注本》（明正德十四年滇刊本）《子彙本》（明萬曆五年潛庵子校刊本）《胡維新兩京遺編本》（明萬曆十年餘姚胡維新刊）《程榮校漢魏叢書本》（明何緯輯，為萬曆二十年程榮校本）《明末朱圖隆刊本》（明黃甫龍、唐琳同訂，清黃廷鑑手校，為黃氏依盧氏《抱經堂本》所校）《明刊黑口本》（刻印差，缺葉多）《明烏絲欄鈔本》（手稿本，藏於史研所傅斯年圖書館）《日本寬延二年刊本》（日本寬延二年巳己九月刊本，即清乾隆十四年，以錢震瀧本為底本）《烏絲欄舊鈔本》（盧文弨手校本，藏於史研所傅斯年圖書館）《抱經堂本》（清乾隆四十四年盧文弨校定刊本）《百子全書本》（清光緒湖北崇文書局雕）《賈子次詁本》（清光緒二十九年王耕心校刊定本）等。〔註21〕本文所據者為「盧氏抱經堂本」，題為「賈誼新書」，十卷。書前有〈重刻賈誼新書序〉，及明、李夢陽〈賈子序〉與黃寶〈新書序〉，書後並附有淳熙辛丑胡价跋及黃震跋，是書考校建本、潭本、吳郡沈頡本、李空同本、陸良弼本、程榮本、何允中本、趙曦明校本，最為齊全，考校之字皆附於句後，校注雖頗多臆改之處，但仍不失為一「精校」、「精刊」之善本（臺灣商務印書館和藝文印書館皆有影印本，中華書局另有四部備要本）。

至於《新書》思想研究方面，民國以來臺灣研究賈誼之專著，祈玉章《賈子探微》，民國五十八年出版，為第一本研究賈誼之專著，內分行誼、年表、著述考徵、思想探微、品評五章，內容宏博，但思想之闡述仍顯不足。徐復觀〈賈誼思想的再發現〉則就賈誼思想中「禮」之意義來探討，頗為切中，

卷二〈賈誼思想的再發現〉同前註6。及林聰舜《西漢前期思想與法家的關係》〈賈誼思想中的儒法結合特色〉，臺北，大安出版社，1991年，頁64～68。林聰舜更指出，近人如馮有蘭《中國哲學史新編》、蕭公權《中國政治思想史》、徐復觀《兩漢思想史》、王更生《賈誼學術三編》、任繼愈《中國哲學發展史》、金春峰《漢代思想史》、黃錦鋐《秦漢思想研究》、祝瑞開《兩漢思想史》、于首奎《賈誼》，皆毫無保留的採用《新書》論述賈誼思想。

〔註21〕各版本之大要、收藏、同異之詳略情形，參見蔡延吉《賈誼研究》、蔡尚志《賈誼研究》、祈玉章《賈子探微》、王更生《賈誼學述三編》，各書中相關《新書》版本之介紹章節。

但其它方面則涉及較少。王更生《賈誼學述三編》主要集中於賈誼生平、著述、學術傳授、版本、校勘等考證方面上。吳美慧《賈誼研究》，所取材料僅以史記、漢書中之記載爲本，論述又明顯的缺乏與不足。蔡尙志《賈誼研究》，分著述考、思想、文學三個主要部份，主要於賈誼作全面性的探究。蔡延吉《賈誼研究》，是書於賈子著作之考證與思想上著墨頗多，亦及文學方面，目的仍在於賈誼作一全面性之呈現。王興國《賈誼評傳附陸賈晁錯評傳》：南京大學 1991 年出版，該書敘述賈誼思想，雖章節宏富，但許多觀點主觀意味太濃，亦局限於唯物辯證的思想觀點中。

綜觀上列著作，自祈玉章先生之《賈子探微》開其端倪以來，研究賈誼者大抵皆備著述考證、思想、文學三大部份。著述考證方面，主要以《新書》之考證爲主，另及辭賦與佚文問題。思想上，亦環繞於《新書》之政治、經濟、教育等等，分類敘述。文學部份，則是針對賈誼之散文（政論文、奏疏）與賦方面，作文學性之價值探討。各書所論各有其論述觀點，考證與文學上的探討前人多已論述詳備，而思想性方面仍有討論之空間。

第三節　研究方法與章節說明

賈誼思想主要集中於《新書》，《新書》內容首列「事勢」次「連語」後「雜事」，涵蓋了漢興三、四十年間之諸方問題和賈誼之因應政策及相關思想。若自「思想史」觀點來看，賈誼《新書》內容所論，正是一部漢初思想的鮮活反映，最適合於作思想史性質的討論。〔註 22〕故本文撰述目的，爲據賈誼《新書》內容所論，及其思想主張上之諸多問題，探討《新書》與其時代思想之意義。

本文既擬以《新書》從事「思想史」性質的探討，故當就此範圍內所處理之問題，進一步提出說明。〔註 23〕賈誼於《新書、數寧》篇中自稱「臣竊

〔註 22〕「思想史」側重「外在研究」，主要是探討思想觀念與外在環境的交互關係之歷史研究。參見黃俊傑〈思想史方法論的兩個側面〉一、前言，臺北，台灣學生書局，1981 年。
〔註 23〕黃俊傑〈思想史方法論的兩個側面〉引布林頓之主張云：「思想史家之主要職責在於找出哲學家或思想家的思想與千萬芸芸大眾的生活兩者之關係。」Benjamin Schwartz 在其〈關於中國思想史的若干初步考察〉一文中，亦認爲：「從事思想史研究時必須注意到思想家的『思想』與其所處時代之間的相互關係。」Schwartz 並更進一步的解釋說：「思想史所處理的中心課題就是人類

惟事勢，可痛惜者一，可流涕者二，可爲長太息者六，若其他倍理傷道者，難偏以疏舉。」賈誼所指陳之痛惜、流涕與長太息諸事，包含了漢初諸侯僭越、匈奴侵邊、上下無紀、風俗移易、靡商奢侈、背本無蓄、挾銅禁鑄、輔教太子等問題，而面對漢初這些政治、社會與經濟上的失序問題，賈誼乃主張以儒家「禮」作爲解決一切問題的憑依，所以在《新書》的整體思想中，「禮」是構成和支撐賈誼整個思想體系的根本。然而，在賈誼「因勢權變」的政治觀點下，賈誼所提出「禮」卻表現出許多獨創性的一面，而此與漢初的環境背景之間有著怎樣的關係？進而賈誼思想反映在漢初之政治、社會與經濟上的影響和意義如何？另外，在賈誼言「禮」不廢「法」的主張下，賈誼對「法」之觀點與看法又如何，凡此賈誼思想與漢初政經各方面之互動關係，將是本文探討《新書》思想時的主要問題。故今依賈誼《新書》中所涉及之漢初諸問題，將之分爲哲學、政治、社會、經濟、外患五章，作爲本文探討賈誼《新書》思想的章節架構，以了解賈誼思想與漢初各層面問題之間的意義。

　　此外，以儒、道、法三家思想來看，賈誼面對漢初制度疏闊、諸侯王僭擬、匈奴侵邊這三大問題時，儒、法思想爲賈誼解決問題之主要憑依，道家思想對賈誼思想之影響主要呈現於哲學思想上，而從賈誼之哲學思想來看，賈誼雖受道家影響，然而其試圖爲漢初政治建造形上根據之意圖，則使得其哲學思想表現出更多獨創性的一面，故從賈誼思想所呈現之思想性而言，儒法兩家思想爲賈誼《新書》中之主要思想，道家思想爲次要。且本文「思想史」方法著重「外在研究」，賈誼結合儒道法，主張尙六原則之哲學思想，並未爲後人所繼承而在歷史上產生重大和實際的影響，故其哲學思想與《漢書》本傳所稱，賈誼「數上疏陳政事，多所匡建」的改革目的，兩者於內在貫連與影響性上無太大之關係。

　　了解本文的研究方法與章節情況後，本文探討之問題主要著重於賈誼《新書》思想與其時代環境之間的關係，範圍則以賈誼《新書》之內容及其所涵蓋的年代爲主，希望藉由賈誼《新書》思想的探討，能達到了解賈誼思想與漢初各層面問題的關係，並盼在討論過程中，或能就其思想釐清前賢諸說。

對他們本身所處的「環境」（situation）的「意識反應」（conscious responses）。此所謂「意識反應」包括「感情的態度」、「感動力」、「感覺傾向」等等。關於「思想史」方法的性質與思想家的職責，參見黃俊傑編譯《史學方法論叢》〈思想史方法論的兩個側面〉，及 Benjamin Schwartz〈關於中國思想史的若干初步考察〉一文，見《中國思想與制度論集》，同前註22。

第二章　哲學思想

第一節　道德論

一、道　論

　　賈誼論「道」，其「道」具有「本體性」和「現實性」二個特性。賈誼認爲「道」即是宇宙的最高本體，亦是國君治理天下時所憑依的最高原則。〈道術〉云：

　　　　道者，所從接物也。其本者謂之虛，其末者謂之術。

〈脩政語上〉：

　　　　黃帝曰：『道若川谷之水，其出無已，其行無止。』故服人而不爲仇，
　　　　分人不諂者，其惟道矣。……故黃帝職道義，經天地，紀人倫，序
　　　　萬物。

賈誼提出「道」具有「虛」的形上本體性和「術」的現實實用性。就形上性而言，他認爲「道」是取之不盡，用之不竭的本體；就實用性而言，主張人主應效法「道」之任物自然的特性來治理天下。因此，賈誼將「道」分爲「虛」和「術」，即本體和末用兩者加以論述。

（一）「虛」的本體和現實義

　　賈誼認爲「道」既爲宇宙最高之存在本體，也是萬物生化之根源。然而賈誼所言之「道」不僅具有形上之本體性而已，他同時強調「道」在現實中的效用，可作爲接物時的內外憑依，〈道術〉云：

> 虛者，言其精微也，平素而無設施也；術也者，所從制物也，動靜
> 之數也。凡此皆道也。曰：請問虛之接物何如？對曰：鏡儀而居，
> 無執不臧，美惡畢至，各得其當；衡虛無私，平靜而處，輕重畢懸，
> 各得其所。

賈誼言道之「虛」，是針對道的本體特性予以形容所形成的稱謂；稱道為「術」，乃是對道之臨事治物時所展現之效用性而言之。稱道之本體為「虛」，故因道之本質精細深奧，不易認識，樸素又無為，故稱之「虛」。謂道之效用為「術」，乃因道之作用，能使萬事萬物「美惡畢至，各得其當」，「輕重畢懸，各得其所」，能順現其自然本性而各彰其本然實質而言。

再看〈道德說〉中賈誼對「道」之特性的進一步闡述：

> 道者無形，平和而神。道物有載物者，畢以順理和適行，故物有清
> 而澤。澤者，鑑也，鑑以道之神。模貫物形，通達空竅，奉一出入
> 為先，故謂之鑑。鑑者所以能見也。見者，目也。

「道」沒有形體，平靜而神奇莫測。「道」之載負萬物，其作用在使萬物皆能適其本然內具之理，使順合外在六行的要求，[註1] 因此「道」具有著彰顯萬物本然實質，清澤映物的客觀性。故賈誼形容「道」云：「澤者，鑑也，鑑以道之神」，他認為「道」最大的特性是「鑑」——清澤映物，即如實反映物之本性。並進一步以鏡子的清明光澤作為比喻，說明「道」所具有之「模貫物形，通達空竅，奉一出入為先」的特點，而以人之眼睛清潤純潔作為比喻，具體形容「道」的「鑑」特性。

賈誼論「道」之本體為「虛」，是就「道」之本質所呈現的無形無體、精微深奧和神奇莫測，以及「道」作用於物時，能夠順物之性，自然無為客觀如實的映物顯性之特點，將「道」之本體形容為「虛」。「虛」為賈誼針對道體和作用之抽象性所下的形容字。

然賈誼對「道」的論述非止於道體及其作用作一形上性的建構而已。賈誼對「虛之接物」如何於現實中發用，亦有一番的說明，〈道術〉：

> 明主者，南面而正，清虛而靜，令名自宣，命物自定，如鑑之應，
> 如衡之稱。有讐和之，有端隨之，物鞠其極，而以當施之。此虛之
> 接物也。

此處賈誼對道之特性「虛」的說明，已轉為人主面臨現實政治時，內心立意行

〔註1〕 此「理」與「行」指「德」六理和六行，詳見下文之論述。

事，所應掌握的處事原則和態度了。故賈誼將「道」進一步延伸運用到政治上，認為人君臨政治事時，內心應把持「虛」的原則，如鏡子和稱桿一般，讓各人各依其性自己認定名目，讓事物確定自己的本性，使其能「有豐和之」，調合隔閡，「有端隨之」，一切隨適，而當事物到了窮盡極點，再予以適當干涉。此乃賈誼對「虛」之作用於現實政治時，所呈現的實用意義之現實性主張。

（二）「術」之政治和社會性

賈誼論述「道」之末用——「術」，主要存於〈道術〉篇中。賈誼認為「術」是「道」實際表現於裁制事物時的行動根據與規律，〈道術〉云：「所從制物也，動靜之數也」。而「道」之「術」為人君臨政治事時，取以實際運用之治政原則和具體措施。〈道術〉云：

> 請問術之接物何如？對曰：「人主仁而境內和矣，故其士民莫弗親也；人主義而境內理矣，故其士民莫弗順也；人主有禮而境內肅矣，故其士民莫弗敬也；人主有信而境內貞矣，故其士民莫弗信也；人主公而境服矣，故其士民莫弗戴也；人主法而境內軌矣，故其士民莫弗輔也。……

賈誼舉出仁、義、禮、信、公、法等儒家思想概念，作為人主臨政治事時，內心依持之基本修養。〈道術〉又云：

> 舉賢則民化善，使能則官職治；英俊在位則主尊，羽翼勝任則民顯；操德而固則威立，教順而必則令行；周聽則不必蔽，稽驗則不惶；明好惡則民心化，密事端則人主神。術者，接物之隊。

賈誼取儒、法兩家思想之政治原則，提出「舉賢」、「使能」、「英俊在位」、「羽翼勝任」、「操德而固」、「教順而必」、「周聽」、「稽驗」、「明好惡」、「密事端」等事，主張一皆以「術」作為人主裁制萬物時的施政原則。賈誼主張以「道」之「術」以臨事制物的看法，其解釋完全是政治性的，「術」的作為主要是表現為國君治理天下時的治政原則。

〈道術〉篇中，賈誼除了說明「術」是用以為接物之原則之外，並列舉了五十六項正反概念，來說明「道」的價值內涵，〈道術〉：

> 請問品善之體何如？親愛利子謂之慈，反慈為嚚；子愛利親謂之孝，反孝為孽；愛利出中謂之忠，反忠為倍；心省恤人謂之惠，反惠為困；兄敬愛弟謂之友，反友為虐；弟敬愛兄謂之悌，反悌為敖；……
> 志操精果謂之誠，反誠為殆；克行遂節謂之必，反必為怛。凡此品

也，善之體也，所謂道也。

〈道術〉篇賈誼詳細陳述了「道」所內涵的五十六項正反概念。賈誼在此將其所認識的有關社會人倫的一切倫理道德和價值規範，皆涵攝於道的內容中，企圖藉以說明社會人倫的一切關係和規範，希望由此建構一由「道」所統攝的政治社會體系。徐復觀先生認為：

> 此段所陳述的價值則首重在建立人與人的合理關係，如父慈子孝等
> 五倫的關係，即亦是建立一種合理的社會。其次則是人生的修養，
> 要求每一個人合乎這裡所提出的標準。個人的修養，與合理的社會，
> 本是不能分開的。……賈生在此處加以綜合，納入道的觀念之內，
> 使其成為一種完善的系統。〔註2〕

賈誼對於道之五十六品善之體內涵的詳細說明，顯示了賈誼建構漢初政治社會體系的企圖，同時使我們了解漢初倫理道德之規範和價值觀。

　　觀賈誼道論，賈誼取道家「虛」形容道之「順物無為，映物顯性」的本體形上義。「虛」落實於現實中，人主應取其「順隨物性」、「清靜無為」的特性作為內心處事應物的指導原則和態度。而「術」之用，則為道之政治上治事接物時的規範和價值憑依。賈誼對道之本體「虛」與「術」的論述，呈現了相當強烈的政治和現實性的內容，此賈誼企圖為漢初政治和社會，創造出一完整的形上理論與價值根據的意圖是十分明顯的。

二、德　論

　　〈六術〉和〈道德說〉兩篇，賈誼主要論述「德」的內涵與功用，並解釋「道」與「德」兩者之關係。〈六術〉和〈道德說〉中，賈誼綜合儒、道、法三家的思想，以德之六理的「六」作為基礎，說明宇宙、人事的創生過程和規律，賈誼以「六」作為其建構現象界的基礎，表現了他哲學思想上的創思。

（一）六理、六美和六法

　　賈誼於〈六術〉和〈道德說〉中，說明了「德」之「六理」，如何由「六法」、「六術」、「六行」演變成儒家「六藝」的體系，並據此「六」之數為基礎，作為其建構宇宙論人生現象之根據。〈六術〉篇中，賈誼言「德」有六理，云：

> 德有六理。何謂六理？道、德、性、神、明、命。此六者德之理也。
> 六理無不生也，已生而六神存乎所生之內。

〔註2〕見徐復觀《兩漢思想史》卷二，臺灣，學生書局，民國82年，頁156～157。

賈誼認為「德」之內涵，包含道、德、性、神、明、命之六理。德之「六理」即為一切事物創生之過程，而其諸由「德」創生之萬物，亦必定內含德之「六理」，故云：「已生而六神存乎所生之內」。賈誼雖言「德」內涵「六理」，然其所言之「德」和「六理」，實指同一層次之概念，並非從屬關係，即「統體言之稱為德，條理言之稱為理」。〔註3〕

　　賈誼對「德」（六理）之內涵的說明，實為其對「道」之本體形上性如何透過「德」創生萬物，及落實於現實世界與人生價值的解釋。〈道德說〉篇，賈誼對德之「六理」有詳細的論述，賈誼認為「道」是萬物生化之根源，是沒有形體的最高存在，道之本質為「虛」為「無」。而以「德」形容物之創生時的作用狀態，為物始生時之混濁態狀，〈道德說〉：「德潤，故曰『如膏』」。「性」指道、德交媾變化所形成的氣，〈道德說〉形容云：「潤厚而膠謂之性」。「神」為性所生發出來的狀態，神之性態，虛靜湧流，若濼水源源奔湧不絕之狀，〈道德說〉：「康若濼流謂之神」，〔註4〕「變化無所不為，物理及諸變之起，皆神之所化也」。「明」指性與物接觸而顯現時稱之為「明」，而「明」所產生的認識能力，具有貫串著智之作用，〈道德說〉：「神氣在內無光而為知，明則有輝於外矣。」「命」指物之成形，有形之後，物之創生過程便告完成，〈道德說〉：「命生形，通之以定」。〔註5〕

　　觀此賈誼對德之「六理」內涵的說明，可知乃賈誼對形上本體之「道」如何透過「德」創生萬物過程的具體說明。

　　賈誼於〈道德說〉篇中亦指出，此德之六理的創生性具有著「六美」之特質，云：

　　　何謂六美？有道（德之本）仁（德之出）義（德之理）忠（德之厚）
　　信（德之固）密（德之高），此六者德之美也。

此賈誼以「六美」形容德之六理的創生特性，六美與六理在賈誼本為一事同

〔註3〕　同註2，頁159。
〔註4〕　「康若濼流」之解釋，徐復觀先生舉《詩・賓之初筵》及《爾雅・釋詁》為訓，釋「康」為虛靜，今從其說，見《兩漢思想史》卷二，同註2，頁166。「濼」，《說文繫傳》作「齊魯間水」，見卷21，臺灣，中華書局，民55年，3月。酈道元《水經注・濟水》謂：「濟水又東北，濼水入焉……泉源上奮，水涌若輪。」筆者以為此乃賈誼舉濼水奔湧之狀，形容「神」性狀湧流不絕，見《水經注》卷八〈濟水〉，臺北，世界書局，頁107，民63年5月。
〔註5〕　對於賈誼「六理」——道、德、性、神、明、命的疏解，徐復觀先生於《兩漢思想史》卷二，〈賈誼思想的再發現〉有詳細的論述，同前註2，頁161～171。

體之異稱，因此賈誼於文中多將六理和與六美連稱，〈道德說〉云：「六理六美，德之所以生陰陽、天地、人與萬物也」。

　　賈誼又認爲德生化萬物，在萬物的創生過程中，萬物據德之六理而生成，物於形成之後，六理必存在於事物之內，成爲事物之內在法度，故又稱六理爲「六法」。因六理與六法皆同內於事物之中，隨著事物的變化而流行，而當「六法」外邃時，便稱之爲「六術」、「六行」。〈六術〉云：

　　　　六理無不生也，已生而六理存乎所生之內。是以陰陽、天地、人，

　　　　盡以六理爲內度。內度成業，故謂之六法。六法藏內，變流而外邃，

　　　　外邃六術，故謂之六行。

此處賈誼所言之六理和六法爲同一層次之異稱，雖爲異稱但在先後次序上當先有六理之實後，方有六法之名。賈誼認爲六理和六法雖同具於事物之內，但必須是「內度成業，故謂六法」，即六理必須於物之內成形之後，六理方能稱爲「六法」。然後「六法藏內，變流而外邃」，事物循其內在六法，運行不輟，方能外邃形成「六術」，「六術」賈誼又稱之爲「六行」。〔註6〕而陰陽、天地、人之形成和運作，皆是以「六行」（仁、義、禮、智、信、樂）爲內在規範。

　　賈誼於〈六術〉中亦指出「六行」是人外在行爲所表現的價值根據，而此「六行」則同時相應於儒家六藝（詩、書、易、春秋、禮、樂）。所以賈誼主張人們若要正確的實踐此「六行」，必須先修習先王所制定的六藝之教，才能完成道德所付予人之價值。

　　〈六術〉和〈道德說〉中，賈誼由德之「六理」引申至「六術」、「六行」，甚至儒家「六藝」之教，又云天地有「六合」，以一年之十二月令，分六陰月六陽月，各有「六月」之分，又以分音樂有「六律」，親屬有「六親」，長度有「六法」（毫、髮、氂、分、寸、尺）等等，皆取「六」作爲根據，把一切歸結爲「六」，透過「六」之數來解釋自然和一切人事現象，建構其宇宙人生論。

（二）道與德之關係

　　由前述賈誼對道與德的論述可知，賈誼綜合道法兩家思想，作爲論述道與德之內涵基礎。賈誼論道的本體性與功用性時，以「虛」形容道之性態「無」，

〔註6〕徐復觀先生解釋「外邃」爲：「『乃外達而有成之意』，外邃則爲六術，此六術皆表現於人的行爲，『故謂之六行』。六行也是對術的解釋。六術六行，是六理六法向行爲上的落實，亦即由內在之德，向客觀世界的落實。」其解釋甚爲貼切。同註2，頁160。

和如實映物的特性，並援法家「虛靜無爲」、「君逸臣勞」的一套心術和治術，說明道作用於現實時之政治性與社會性意涵，以「六理」來說明德之內涵和創生性。德之「六理」乃賈誼對物由無而有之創生歷程的解釋，此六理之數和內涵，實由儒家六藝思想所演生而來。

賈誼於〈道德說〉中，除了說明六理之內涵之外，對道與德之關係亦有所論及。〈道德說〉云：

> 道冰而爲德，神載於德。德者，道之澤也。道雖神，必載於德，而頌乃有所因。以發動變化而爲變，變及諸生之理，皆道之化也，各有條理以載於德。德受道之化，而發之各不同狀。……

賈誼以道乃德創生萬物之形上根據，對於道和德之關係，賈誼以水與冰爲比喻。他認爲兩者只是形態之不同而已，當道之凝結成爲德後，道的神奇變化功用便附予了德。就創生義而言，道必須依德，才能表現出其神奇變化之功用來，而德之化育萬物，則必須先由道先發動變化，德之六理才能產生運作。故六理之變化，化育萬物，實皆歸根於道而來，此即道乃德之本。〈道德說〉又云：

> 物所道始，謂之道。所得以生，謂之德。德之有也，以道爲本。故曰：「道者，德之本也」。德生物養又養物，則物安利矣。……德生物，又養長之而弗離也。……德生於道而有理，守理則合於道，與道理密而弗離也，故能畜物養物，物莫不仰恃德。道而勿失，則有道矣；得而守之，則有德矣；行有無休，則行成矣。

生化萬物的過程中，道爲德之本，德爲生之本。德的創生性根源於道，道（無）引導德（有）萌生萬物，故稱道爲德之本，云：「以發動變化而爲變，變及諸生之理，皆道之化也」。而萬物得到德之引導而生謂之德，即德爲生之本。德之六理化生萬物，實爲將形上之道，轉爲形下之器的具體化過程。當道德凝聚以畜生萬物，道便具體的實現於事物之中，因此萬物既皆從道之引導而生，即應篤守道而行，人亦應努力實踐六行，以契合內在之六理，以求達到「人道合一」的境界。

賈誼的道德論體現了他對宇宙人生創生過程的探討和看法，道在賈誼哲學思想中，爲宇宙本體的最高形上存在，德則是萬物形下的具體創生過程。道與德兩者之關係，道爲德之本，德是承受道之變化功能，從而產生萬事萬物的。

觀賈誼之道德論，賈誼承自了道家思想，以老子「道生之，德畜之」的

觀念作爲其理論之基礎。徐復觀云：「賈誼之所謂道德，皆指老子創造天地萬物之道德而言」。〔註 7〕當賈誼論及道之實際功用時，則以法家「虛」、「術」思想作爲指導原則，作爲道落實於現實時，臨物治事之根據。至於賈誼言德有六理，其說明六理、六法乃至六行、六藝的創生演變過程，全是據儒家思想衍伸而來的一種修己踐德思想。

　　賈誼道德論的現實性要求是相當強的，從賈誼對道之「虛」、「術」，體和用的闡述，至其論德之創生萬物體現六行的道德行爲，他意圖創造一個完整的價值理論體系，將人的生活和社會生活都概括在這個體系下，使之變得合理和有秩序的企圖是相當明顯的。我們可以說賈誼的哲學思想正是以現實性的「合理」、「秩序」爲訴求，綜合道法儒三家思想作爲思想架構和內涵，所形成的一套哲學。

第二節　天　論

一、天的觀念

　　賈誼的天論，散見於〈禮〉、〈春秋〉、〈耳痺〉、〈大政上〉諸篇。賈誼對天之認識和看法與其政治思想是緊密相連的，賈誼認爲天具有禍福祥妖的能力，而且天意的禍福祥妖表現，正來自民心民意和國君治政之良窳。現就以上相關天論之各篇，歸納賈誼對天的觀點和看法：

　　〈禮〉篇，賈誼言禮之義，認爲國君能恤下養民，達到政通人合，即能順天得福，天清地富，使民心淳化，〈禮〉云：

> 《詩》曰：「君子樂胥，受天之祜。」胥者，相也。祜，大福也。夫憂民之憂者，民必憂其憂；樂民樂者，民亦樂其樂。與士民若此者，受天之福矣。……
>
> 故仁人行其禮，則天下安而萬理得矣。逮至德渥澤洽，調和大暢，則天清澈，地富熅，物時熟。民心不挾詐賊，氣脈涫化。

〔註 7〕徐復觀先生認爲：「〈六術〉篇與〈道德說〉篇，是賈誼融合儒道法三家思想，將《老子》的『道生之，德畜之』的創生歷程，再加上《韓非子》解老篇所提出的理的觀念，再接上儒家天命之謂性的基本思想，一直落實到六藝之上，以組成由道家之道到儒家的六藝的創生系統。……使道的形上性格，很堅確地落實於現實世界的人生價值之上」。見《兩漢思想史》卷二，同注 2，頁 157。

〈春秋〉篇，賈誼輯選歷史上一些遺聞軼事總結經驗教訓，言天之祥妖，政之禍福，主要在於國君能否愛民行仁。如楚惠王食寒菹，寧吞蛭而不願加罪庖人，鄒穆公不用糧食飼鵝，晉文公自省五罪，齊桓公重禮守信，孫叔敖之埋蛇，皆以仁惠受到臣民愛戴；而衛懿公好鶴，宋康王射天笞地，楚懷王驕矜，秦二世之無禮群臣，都因傷仁敗義失去臣民，遭到亡國喪身的命運。賈誼據此指出，國家禍福祥妖之道，主要在國君之行不在天命，謂：「王有仁德，天之所奉也，病不爲傷。……故天之視聽，不可不察」，「愛出者反愛之，福往者福來」，「見妖而迎以德，妖反爲福也」，國君應該愛民重民，修德慎行，如此既使遇到妖禍之事，也能改變天命，轉禍爲福，化妖爲福。

〈耳痺〉篇，以伍子胥爲父報楚平王仇和吳、越相爭的故事，旨在說明國君行爲和天意之禍福是相關連的，國君不可倒行逆施，應該依道慎行。〈耳痺〉：

> 目見正而口言枉則害，陽言吉，錯之民而凶則敗。倍道則死，障光則晦，誣神而逆人，則天必敗其事。……
>
> 天之誅伐，不可爲廣虛幽閒，攸遠無人，雖重襲石中而居，其必知之乎！若誅伐順理而當辜，殺三軍而無咎；誅殺不當辜，殺一匹夫，其罪聞皇天。故曰：「天之處高，其聽卑，其牧芒，其視察。故凡自行，不可不僅慎也。」

賈誼敬戒國君，謂天之鑑臨，是無所不在的，國君應該謹慎言行，明察秋毫，不可有僥倖之心。

〈大政上〉賈誼告戒國君，人民是國家、人君、臣吏的根本，人民才是國家存亡和政治成敗的關鍵，故國家政治中所表現的祥妖禍福，非純爲天意天命所致，也在於人主治國施政是否謹慎言行，實施民本仁政。〈大政上〉：

> 夫菑與福也，非粹在天也，必在士民也。嗚呼！戒之戒之！夫士民之志不可不要也。行之善也，粹以爲福己矣；行之惡也，粹以爲菑己矣。故受天之福者，天不功焉；被天之菑受天殃。天有常福，必與有德；天有常菑，必與奪民時。

上述各篇中，可知賈誼天之觀點與其政治思想緊密相關。賈誼一方面承襲中國古代已有之民本觀念，《尚書・皋陶謨》所謂：「天聰明，自我民聰民；天明畏，自我民明威」，及《尚書・泰誓》謂：「天視自我民視，天聽自我民聽」，以民心釋天意。透過「天」意來闡發重民愛民，以及戒懼國君施仁政、修德

愼行的政治主張，認爲天意通過民意來表現，以民意爲天意之代表，而天雖具有意志和禍福的能力，但天意之禍福卻是寄寓於政治民意之中，人君即爲「受命天子」，便應重視人民，以人民爲國家根本，施行民本政治，若不如此，則天將降災禍於國君。

另方面，賈誼論天人之關係，則存在著天之禍福祥妖來自政治良窳的「天人相感」說，認爲若國君謹愼言行，力行仁義，體恤人民，即是順乎天命天意，能得到天之祥福，甚至能反禍爲福，反之則將招來禍妖。

二、人格天

賈誼論天，主要是自政治的角度承古代民本思想來解釋天意天命，其政治意義是相當濃的。賈誼從民意、君行和政治良窳來解釋天意之禍福災祥，天意的表現主要在政治和人爲，國君必須德惠愛民，施行仁政德治，才能上契合天意，而在天人之間，人的作爲才是天之禍福妖祥產生之原因。從賈誼以國君行爲與國家治政良窳來說明天意之禍福妖祥，和天能據人之言行作爲產生禍福妖祥能力的說法可知，賈誼對天之認識，認爲天是具有意識之「天意」、「天志」的「人格天」，「天」並不具形上意義。

「人格天」的觀念，亦反映在〈輔佐〉篇中賈誼對「奉常」之職的敘述。

〈輔佐〉中賈誼提到奉常之職，云：「奉常典天，以掌宗廟社稷之祀」，奉常之職責，主祭天，奉常同時也掌管著國家宗廟、天地、人鬼等，各種山川神祇之祭祀。從賈誼言奉常「典天」的職責和活動中可知，賈誼所認識和接受的「天」觀念爲具有意志之人格天觀念，故天成爲人所須祭祀之對象，故知賈誼論「天」非指「形上天」而言。〔註8〕

在賈誼哲學思想中，天之觀念雖有主宰義但並不具形上意義，在哲學地位上，「天」意義是遠不如「道」之具有最高本體性的創生義的。然在《新書》中〈脩政語上〉賈誼曾云：「道高比於天，道明比於日，道安比於山」，此處賈誼將道比之於天、日、山的說法，乃是一種比喻性的將「道」之地位，形容如天日山的程度，目的在使人方便的對道之崇高作用和地位認識有所體會

〔註8〕 祭天自是以「人格天」爲對象，「人格天」表一主宰，具有意願性，即所謂「天意」觀念，此亦爲早期社會之普遍信仰，此「人格天」觀念後爲墨子所繼承；而「形上天」爲表實體、理序、規律，並無意願性，即一般所謂「天道」觀念。故「人格天」和「形上天」分別代表「天意」與「天道」之別。參見勞思光《新編中國哲學史》，臺北，三民書局，民80年，頁81-82。

瞭解而已，其思想中「天」和「道」相較，賈誼並無將天和道等同，或將天與道連用之說法。

　　從賈誼論天之觀念，可以說天的觀念在賈誼思想中主要呈現的是政治性意義，天之觀念在其哲學思想中並無最高本體義或創生義，亦非主要觀念，天與道相較之下，天於道的形上本體義和地位是無法等同的。道在賈誼哲思想中是最高的本體，天只爲其民本政治思想中之一環，其哲學思想中天的意義和地位並不特別的明顯。

第三節　人性論

一、生之謂性

　　賈誼論萬物之創生時，主張德爲生之本，萬物由德之六理以生化而來，在德之六理的創生歷程中，六理中之「性」即道德之神奇變化聚集形成的氣，故氣即性，乃物初生化之狀態。依賈誼此說，則萬物既皆依德之六理而生成，故皆稟道德之氣而來，是以人與萬物之性皆相同，皆內涵六理作爲內度。

　　由於萬物之性皆同，是以無法顯現各種存在所具之特性，因此人之性與物之無有分別，人與物之性既皆相同，據此賈誼之論人之「性」，其所謂「性」即爲「生之謂性」之意，將不具人性所特有之價值意識自覺。故賈誼雖言人有六行，但人之六行與物一樣，只是爲相應於內在德之六理而來，爲呈現於外在之表現而已，〈道德說〉云：

　　　　道此之謂道，德此之謂德，行此之謂行，所謂行此者，德也。

賈誼將「行」視爲人相應於德之六理所表現的行爲，六行之產生非本自人內在之價值自覺要求，因而他認爲人是無有價值自覺意識去認識和行使六行的，〈道德說〉云：

　　　　德之理盡施於人，其在人也，內而難見，是以先王舉德之頌而爲辭
　　　　語，以明其理，陳之天下，令人觀焉。

〈六術〉云：

　　　　然而人雖有六行，微細難識，唯先王能審之，凡人弗能自至，是故
　　　　必待先王之教，乃知所從事。

賈誼認爲人雖有六行，但因涵藏在內之六行細小隱微，難以辨識，只有古代聖王能夠辨識，常人則必須經由聖王的教育，才能懂得。

　　人既無有自覺和自行內在六行之價值自覺意識的能力，所以必須經由先
王聖人的引導，人才能認識和實踐六行。而六藝即是聖王根據六法六行所創
制出的教化內容，〈六術〉云：

> 是以先王為天下設教，因人之所有以為訓，道人之情以為真。是故
> 內本六法，外體六行，以與詩、書、易、春秋、禮、樂，六者之術
> 以為大義，為之六藝。令人緣以自脩，脩成則得六行矣。六行不正，
> 反合六法。藝之所以六者，法六法而體六行故也。故曰六則備矣。
> 賈誼主張人們必須根據聖王所制定之六藝自修，才能認識和達到六
> 行的要求和境界，此六行則是人們一切行為的準則，即所謂「六法」，
> 人之六行如果不端正，就是不合六法，不合六法即是不合道。

　　賈誼認為常人無法辨識六行，但他主張常人之性與聖王之性是相同的，
人只要努力反省，仍可依靠後天學習與聖王的教導，勤勉治學，達到和聖王
相同之境界，〈勸學〉：

> 謂門人學者：舜何人也！我何人也！夫啟耳目，載心意，從立移徙，
> 與我同性，而舜獨有賢聖之名，明君子之實，而我曾無鄰里之聞，
> 寬徇之知者，獨何與？然則舜僶俛而加志，我僵僵而弗省耳。

賈誼既以常人與聖王之性相同，然而人即無價值自覺之能力，其所云之聖王又
將如何能具有認識和實踐完成六行呢？此當為賈誼人性論中未解之根源問題。

　　賈誼透過孟子仁、義、禮、智四端之說加上信、樂，提出了人有六行的說
法，其六行的提出，實是將人之內在德性問題，化為外在行為的知性問題，其
目的在和儒家六藝相契合，以「六」作為其建構宇宙和人生秩序的思想基礎。

二、去惡成善

　　人無自覺認識六行之能力，人們認識和實踐六行，必待後天教化與學習，
因此賈誼以教育和環境作為影響人之行為善惡的主因。賈誼於〈保傅〉篇說
明人之善惡的來源時，以人性本相近，人之所以有善惡，其源自於人所接觸
之環境和教育之影響所致。因此他主張必須營造良善環境，謹慎教化，方能
使人去惡成善，〈保傅〉：

> 人性非甚相遠也，何殷周之君有道之長，而秦無道之暴也？其故可
> 知也。古之王者，太子出生，……三公三少，固明孝仁禮義，以道
> 習之，逐去邪人，不使見惡行。……故太子出生而見正事，聞正言，

行正道，左右前後皆正人也。習之與正人居之，不能無正也，猶生
長於齊之不能不齊言也；習與不正人居之，不能無不正也，猶生長
於楚之不能不楚言也。……孔子曰：「少成若天性，習貫如自然。」……

〈容經〉：

古者年九歲，蹪小節焉，業小道焉；束髮就大學，蹪大節焉，業大
道焉。是以邪放非辟，無因入焉。諺曰：「君子重襲，小人無由入；
正人十倍，邪辟無由來。」古之人其謹於所近乎！

此處賈誼引孔子「性相近，習相遠也」（〈陽貨〉）之說，作爲解釋其人性善惡
立論的根據。他認爲人生而性質本相近，人們善惡行爲的產生全由其所接觸
之人、事、物造成，〈保傅〉：「夫開於道術，知義之指，則教之功也。若其服
習積貫，則左右而已矣。」因此在人之成長過程中，越早接觸善的人、事、
物，並完全隔絕惡環境的影響，便能使人自然成爲良善之人，主要原因是「心
未濫而先論教，則化易成也」（〈保傅〉）。

賈誼對人之善惡和環境之間的看法，使得他特別的重視國君左右輔翼和
太子教育問題，尤其是對太子的教育，〈保傅〉謂：「天下之命，縣於太子」，
「太子正而天下定矣」，故由其人性論而來，賈誼據此進一步開展出「任賢」
的政治主張，〈連語〉：

有上主者，有中主者，有下主者。上主者可引而上，不可引而下；
下主者可以引而下，不可引而上；中主者可引而上，可引而下。故
上主者，堯舜是也。……與之爲善則行，……與之爲惡則誅。故可
與爲善，而不可與爲惡。下主者，桀紂是也，……進與爲惡則行，……
欲引而爲善則誅。故可與爲惡，而不可與爲善。所謂中主者，齊桓
公是也，得管仲、隰朋則九合諸侯，任豎貂、易牙則餓死胡宮，蟲
流而不得葬。故材性乃上主者，賢人必合，而不肖人必離，國家必
治，無可憂者也。若材性下主也，邪人必合，賢人必遠，坐而須亡
耳，又不可勝憂矣。故其可憂者，唯中主爾，又似練絲，染之藍則
青，染之緇則黑，得善佐則存，不得善佐則亡，此其不可不憂者耳。

此段賈誼闡明了治國應愼擇左右輔佐之旨，所謂「得善佐則存，不得善佐則
亡」。此賈誼本孔子「中人以上，可以語上也；中人以下，不可以語上。」（〈雍
也〉）「唯上知與下愚，不移」（〈陽貨〉）之說法，其所提出的上主、中主、下
主之「材性」三等說，當可視爲開漢代「性三品」論之先河。

　　賈誼之人性論雖以人行爲之善惡，主要來自後天環境和教育之習染所致，但他同時也於人性相近的主張中承認人性中亦有善惡一定，非後天習染所能改變者，「可引而上，不可引而下。」「可以引而下，不可引而上。」賈誼意在以一般多爲中等之質的情形下，認爲左右輔翼和良善環境畢竟才是造就人之善惡成敗的主要因素。

第三章　政治思想

第一節　漢初的政治問題

一、制度疏闊與諸侯坐大

　　賈誼之政治思想極具現實性意義，基本上賈誼之政治主張是針對當時之政治問題，而在其「因勢權變」的政治觀點下，混合儒法兩家思想所提出，因此欲探討賈誼之政治主張，必須了解當時漢初政治上之主要問題，和賈誼之政治觀點與立場來探討賈誼政治思想訴求之目的。

　　漢初，百姓承秦暴之餘和久戰之疲，而政府爲了起敗補弊，開國以來惟尙無爲與民休息，故自高祖至文景二帝，莫不奉行黃老思想「清淨無爲」的一面，以輕賦省刑、安撫百姓和復甦民生，《史記·呂后本紀》云：

> 孝惠皇帝、高后之時，黎民得離戰國之苦，君臣俱欲休息乎無爲。
> 故惠帝垂拱，高后女主稱制，政不出房戶，而天下晏然，刑罰罕用，
> 罪人是希。

《漢書·刑法志》云：

> 當孝惠呂后時，百姓新免毒蠚，人欲長幼養老，蕭曹爲相，塡以無
> 爲，從民之欲，而不擾亂，是以衣食滋殖，刑罰用稀。及孝文即位，
> 躬修玄默，勸趣農桑，減省租稅。而將相皆舊功臣，少文多質，懲
> 惡亡秦之政，論議務在寬厚。

《史記·律書》云：

> （文帝時）百姓無內外繇，得肩息於田畝，天下殷富，粟至十餘錢，

　　鳴雞吠狗，煙火萬里，可謂合樂者乎！

漢初在君臣奉行黃老無爲之治下，國家「衣食滋殖，刑罰用稀」而「天下殷富，粟至十餘錢」，社會和經濟方面皆有所復蘇，但是相對的在國家清靜無爲的政策下，至文帝即位時《漢書・賈誼傳》云：「是時，匈奴彊，侵邊。天下初定，制度疏闊。諸侯王僭擬，地過古制。」除去匈奴爲外患問題之外，內政上是國家制度仍待建立與提倡，以及諸侯王所引起之僭越問題，在在皆須解決。

　　先就政治制度而言，漢初之政治制度多沿秦制，《漢書・百官公卿表上》：「秦兼天下，建皇帝之號，立百官之職。漢因循而不革，明簡易，隨時宜也。」漢初在沿襲秦制之下，採取的是法家向主「尊君」之政治制度，但其時諸侯王不馴，多在章服號令上僭擬天子，故漢初君臣之制形同虛設。律法上，漢初亦因循秦法，至文景二帝時《漢書・刑法志》猶載：「（文帝時）外有輕刑之名，內實殺人，斬右止者又當死，斬左止者笞五百，當劓者笞三百，率多死。」「（景帝）自是笞者得全，然酷吏猶以爲威，死刑既重，而生刑又輕，民易犯之。」由〈刑法志〉之言可知，實際上漢初是依秦之舊刑，行法家「以刑去刑」的主張。〔註1〕而經濟上，民生復蘇後，富人商賈則開始奢靡無制，《新書・孽產子》云：「今富人大賈，召客得以被牆，古者以天下奉一帝一后而節適，今富人大賈屋壁得爲帝服，賈婦優倡下賤，產子得爲后飾。」社會世道人心方面，秦之遺風敗俗亦至漢未改，社會道德淪喪，民心重功利而寡廉恥，《新書・時變》云：

　　　　曩之爲秦者，今轉而爲漢矣。今者何如，進取之時去矣，并兼之勢
　　　　過以矣，胡以孝弟循順爲，善書而爲吏耳，胡以行義禮節爲，家富
　　　　而出官耳。驕恥偏而爲祭尊，黥劓者攘臂而爲政，行惟狗彘也，苟
　　　　家富財足，隱机旴視，而爲天子耳。

凡此種種，皆起於政府「制度疏闊」無所提倡又放任無爲所引起之弊害，尤其是諸侯王問題，由於漢初政治上君臣之制形同虛設，使得諸侯王因勢大迫主，僭擬天子，蠢蠢欲動，如文帝即位之初，即有淮南王與濟北王的僭越和反叛之事發生，故漢初之諸侯王問題，可以說揭露了漢初政治上的諸多缺失與弊端，所以整頓諸侯王便成爲漢初國家政治上面臨的首要工作。

　　漢初之諸侯王問題，在高祖消滅異姓並大封同姓爲王後產生，漢初高祖

〔註1〕漢初黃老之治的「刑罰罕用」及「人人自愛而重犯法」其實是刑法太重的緣故。參見張純、王曉波《韓非思想的歷史研究》第六章漢初的黃老之治與法家思想，臺北，聯經出版社，1994年，頁197～246。

初封同姓爲王者有九國，而藩國所封之地甚大，《史記・漢興以來諸侯年表》云：

> 高祖子弟同姓爲王者九國，爲獨長沙異姓……爲燕、代國……爲齊、趙國……爲梁、楚、吳、淮南、長沙國。……地大者或五六郡，連城數十，置百官宮官，僭於天子，而漢獨有三河東郡。

高祖死後，由於中央面臨「諸呂之亂」，爲了穩固劉氏政權和「以鎮撫四海，用承衛天子。」（《史記・漢興以來諸侯年表》）中央多賴同姓諸侯王，但是諸侯王卻自此「小者淫荒越法，大者朕孤橫逆。」（《漢書・齊悼惠王傳》）漢初之諸侯王在其領土內擁有最高行政權，其官宮百制也制同中央，御史大夫及二千石以下之官吏皆爲諸侯王自置，中央只爲其置丞相一人和輔王的太傅而已，《史記・五宗世家》：「太史公曰：高祖時諸侯皆賦，得自除內史以下，漢獨爲置丞相，黃金印。諸侯自除御史、廷尉正、博士，擬於天子。」《漢書・高五王傳》贊曰：「諸侯得自除御史代大夫群卿以下，眾官如漢朝，漢獨爲置丞相。」《漢書・百官公卿表》：「諸侯王高祖初置，金璽盩綬，掌治其國，有太傅輔王，內史治國民，中尉掌武職，丞相統百官，群卿大夫都官如漢朝。」另外經濟上，諸侯王在其國內與中央一般，亦得以徵收國內地稅和山川市井之稅供給官府之開支及私己奉養之用，具有獨立自主之財政權，《漢書・食貨志上》：「漢興，山川園池市肆租稅之入，自天子以至封君湯沐邑，皆各自私奉養，不領於天子之經費。」《漢書・高帝紀下》：「其有功者，上致之王，次爲列侯，下乃食邑，而重臣之親或爲列侯，皆令自置吏，得賦斂。」《史記・平準書》：「董吏祿，官度用，以賦於民，而山川川園池市肆租稅之入，自天子以至封君湯沐邑，皆各自私奉養焉，不領於天子之經費。」由於諸侯王制同中央，又擁有土地人民及獨立的行政權與財政權，〔註2〕因此常在章服號令上僭擬天子，甚者，諸侯王乃得以利用其行政和經濟上特權來培養私人軍隊，在政治上威脅中央政權的安危，所以漢初中央對於諸侯王根本無法約束，〔註3〕如文帝即位之初，即有淮南王劉長

〔註2〕 諸侯王在其國內並可以各自紀年，趙翼《二十二史箚記》卷二〈漢時諸王國各自紀年〉：「三代諸侯各自紀年……至漢猶然。」《史記》諸侯王世家，紀年不用帝號，而仍以諸侯王之年紀事。如楚元王傳，元王子戊二十一年景帝之三年也。又梁孝王傳，十四年入朝，二十二年孝文崩，二十四年入朝，二十五年復朝……是轉以侯國歲年，記天子之事矣。」

〔註3〕 漢初中央派遣至諸侯王國之丞相雖擁有兵權，但實際上在各侯國各方面皆不受制於中央的情況下，丞相的監控實質上並無多大的效用，關於漢初諸侯王之詳細狀況，參見薩孟武《中國社會政治史》（一），第三章、第二節王國勢

殺辟陽侯審食其於其家，以及濟北王興居謀反之事發生，而此時吳、楚兩諸侯王又蠢蠢欲動若有反狀，因此《新書‧親疏危亂》言：「諸王雖名爲臣，實皆有布衣昆弟之心。慮亡不帝制而天子自爲者，擅爵人，赦死罪，甚者或戴黃屋，漢法非立，漢令非行也。」洵非空言。

二、政府的寬緩無爲政策

面對漢初政治上種種制度疏闊與諸侯王問題，文帝的態度如何呢？《史記‧禮書》云：「孝文即位，有司議欲定儀禮，孝文好道家之學，以爲繁禮飾貌，無益於治，躬化謂何耳，故罷去之。」《史記‧儒林列傳》云：「孝文本好刑名之言，及至孝景，不任儒者。」文帝因尚黃老道家無爲之治，躬默玄化，故對於國家各方面制度乃不欲有所興革提倡以擾民。對此，賈誼則以天下未安未治上疏文帝，〈數寧〉云：

> 進言者皆曰，天下已安矣，臣獨曰未安。或者曰，天下已治矣，臣獨曰未治。……曰天下安且治者，非至愚無知，固諛者耳，皆非事實，知治亂之體也。……臣聞之，自禹已下五百歲而湯起，自湯以下五百餘歲而武王起，故聖王之起，大以五百歲而紀。自武王以下過五百歲矣，聖王不起何怪矣。及秦始皇帝似是而卒非也，終於無狀。及今天下集於陛下，臣觀寬大知通，竊曰：「是以參亂業握危勢，若今之賢也，明通以足天紀，又當天宜，請陛下爲之矣。」……臣竊以爲，建久安之勢，成長治之業，以奉六親，至孝也。以宰天下，以治群生，神民咸億，社稷久饗，至仁也。立經陳紀，輕重周得，後可以爲萬世法，以後雖有愚幼不孝之嗣，猶得蒙業而安，至明也。壽並五帝，澤施至遠，於陛下何損哉！以陛下之明通，因使少知治體者，得左下風，致此治非有難也，陛下何不一爲之。

賈誼進言文帝不應再有「無動爲大耳」（〈孽產子〉）的心態，應該在國家各方秩序急待提倡重整之情形下，爲「建久安之勢，成長治之業」必須開始「立經陳紀」而有所積極振興。另外，對於當時諸侯王坐大不馴的情形，文帝亦是表現了不願多加干涉的態度，而對於文帝面對諸侯王問題這種寬緩態度，賈誼則進言諸侯王問題迫切解決，〈親疏危亂〉云：

> 諸侯王雖名爲臣，實皆有布衣昆弟之心，慮亡不帝制而天子自爲者，

力的摧毀與中央即集權的完成，臺北，三民書局，1988 年。

擅爵人，赦死罪，甚者或戴黃屋，漢法非立，漢令非行也。雖離道
如淮南王者，令之安宥聽之召焉，可致幸而至，法安可得尚。動一
親戚，天下環視而起，天下安可得制也。雖有悍如馮敬者，乃啓其
口，匕首已陷於胸矣。

賈誼認爲諸侯王問題不但令中央「漢法非立，漢令非行」，而且「令之安宥聽
之召焉，可致幸而至，法安可得尚。」故對於漢初諸侯王這種尾大不掉的情
形，賈誼認爲文帝之寬緩態度，對諸侯王問題並無任何俾益，而文帝所以不
願對諸侯王多加干涉，主要是宥於形勢的關係，當時文帝以外藩入統即位，
朝廷因新經「諸呂之亂」，所以文帝不願於人心未安政權未穩時即大肆整肅，
再則亦因文帝不敢對原和他地位相同之同姓諸侯王驟加約束，﹝註4﹞所謂「動
一親戚，天下環視而起，天下安可得制也。」（〈親疏危亂〉）因此宥於形勢，
文帝對於漢初諸侯王採取寬緩的態度，然而賈誼認爲文帝之態度不過將禍患
留之後世子孫，若不儘早拿出辦法，諸侯王日後「亂媒日長」必不可收拾，〈權
重〉云：

然天下當今恬然者，遇諸侯之俱少也，後不至數歲，諸侯皆冠，陛
下且見之矣。夫秦日夜深惟，苦心竭力，以除六國之憂，今陛下力
制天下，頤指如意，而故成六國禍，難以言知矣，苟身常無意但爲
禍，未在所制也，亂媒日長，孰視而不定，萬年之後，傳之老母弱
子，使曹勃不寧制，可謂仁乎？

賈誼亦於〈宗首〉篇明白的表言，政府應趁此時繼任諸侯王年紀尚幼，中央
尚能掌控的情形下，將諸侯王問題及早解決，〈宗首〉云：

然而天下少安者，何也？大國之王幼在懷衽，漢所置傅相方握其事，
數年之後，諸侯王大抵皆冠，血氣方剛，漢所置傅相歸休，而不宥
住，漢所置相稱病而賜罷，彼自丞尉以上偏置其私人，如此有異淮
南濟北之爲也。

賈誼謂「大國之王幼在懷衽，漢所置傅相方握其事，數年之後，諸侯王大抵
皆冠，血氣方剛，漢所置傅相歸休。」故諸侯王問題若不儘早拿出辦法，若

﹝註4﹞ 薩孟武云，文帝即位之初爲周勃馮瓘等高祖功臣迎立，以外藩入統即位，不
敢對原來和他地位相同的同姓諸侯王驟加約束，一方面文帝亦欲藉這些諸侯
王以壓制高祖時所封之功臣列侯集團，列侯之衣租食稅，因其各有食邑，無
需仰承朝廷鼻息，亦然儼然成爲一個勢力，所以雖其不能成爲反抗中央之勢
力，但其勢卻可以迫主，同註3，頁135～156。

待諸侯王羽翼豐滿後「彼自丞尉以上徧置其私人」，介時中央無法再對他們加以任何的監控約束，而日後必將危及中央政權的安危。

由賈誼上疏文帝，建言文帝應「立經陳紀」未使「亂媒日長」來看，政府對於政治上之制度疏闊與諸侯王坐大問題，表現的是崇尚黃老寬緩無爲的態度，或迫於形勢不願有所積極之行動。

第二節　賈誼的政治主張

一、因勢權變

賈誼既建議文帝對漢初「制度疏闊」與諸侯王問題皆應該採取行動，對於這些問題他又提出了什麼樣的看法與主張呢？賈誼政治思想之特點，源自他對時代與歷史經驗的反省和瞭解，他的目的在於以歷史經驗作爲基礎，希望從經驗中思考出使國家振衰起蔽的方法，漢初在推翻秦王朝的基礎上建立起國家，故秦王朝的成功與滅亡，正爲賈誼建立政治思想的借鑒，因此賈誼對秦亡的檢討與批評，便成爲我們了解其政治主張的始點，而《新書》「事勢」類首列《過秦論》之意義，胥即在此。

賈誼《過秦論》雖云「過秦」，但從歷史政治的發展中，賈誼並未完全否定秦和法家於歷史上之意義與貢獻，在《過秦論》裡賈誼是肯定秦任商鞅嚴明律法，使內政修明而富國強兵之歷史事實，〈過秦上〉云：

> 秦孝公據崤函之固，擁雍州之地，君臣固守以窺周室，有席卷天下，包舉宇內，囊括四海之意，并吞八荒之心，當是時也，商君佐之，內立法度，務耕織，修守戰之具，外連橫而鬥諸侯，於是秦人拱手而取西河之外。

他也認爲秦的一統天下，是順應歷史局勢和人民之盼望而成的，〈過秦中〉：

> 秦滅周祀，併海內，兼諸侯，南面稱帝，以養四海，天下之士，裴然鄉風，若是者何也？近古之無王者久矣。周室衰微，五霸既沒，令不行於天下，是以諸侯力政，強凌弱，眾暴寡，兵革不修，士民罷弊。今秦南面而王天下，是上有天子也，既元元之民，冀得安其性命，莫不虛心而仰上。

然而賈誼在《過秦論》中否定和批評秦亡的理由爲何呢？〈過秦上〉云：

> 然秦以區區之地，致百萬乘之勢，序八州而朝同列，百有餘年矣，

然後以六合爲家，殽函爲宮，一夫作難而七廟墮，身死人手，爲天
下笑者，何也？仁心不施，而攻守之勢異也。

賈誼以「仁心不施，而攻守之勢異也」這句話，來總結他對秦亡的看法。

秦王朝統一天下，所憑借的是軍事鎮壓與法令的強制力量，所遵循的是
商鞅變法時的政策和法制模式作爲統一六國後的帝國綱領，而商鞅變法對農
民實行軍事編制，採行的政治經濟體制是集權統治與耕戰政策，法令嚴酷，
賞罰分明。〔註5〕如《史記‧商君列傳》中所云之「收司連坐」法，「令民爲
什伍，而相收司連坐，不告姦者斬，告姦者與斬敵首同賞，匿姦者與降敵同
罰。」《漢書‧刑法志》言：「連相坐之法，造參夷之誅，增加肉刑大辟，有
鑿顚抽脅鑊亨之刑。」又〈商君列傳〉云：「耕織致粟帛多者，復其身。末利
及怠而貧者，舉以爲收孥。」指不能配合政府法令或觸犯者，連同本人及其
家屬皆罰作奴隸，由此可知，秦是用嚴密的法網透過竣法嚴刑和賞罰分明的
方式來貫徹執行法令，故能把法令貫徹到每一個角落。

秦國之變法所以能成功，除了在法令能夠徹底的貫徹之外，主要還是秦
國文化歷史的演進上遠較東方六國落後，受到封建傳統文化之薰陶和束縛面
較淺，〔註6〕另方面秦國本與戎狄雜處，爲了防範戎狄，社會組織本即帶有濃
厚的軍事性質，且秦文化本身之價值觀「重功利」「輕仁義」，能憑藉東方三
晉功利之士的主張特借以爲搏攫之用，〔註7〕如商鞅、張儀、公孫衍，甘茂、
范雎、蔡澤、呂不韋，皆爲三晉東方功利之士，在這種種具體的歷史條件和
文化背景下，秦國於轉型創新上皆遠較其他東方六國來得容易和快速，所以
變法最爲徹底也最成功，並以此兵強國富戰勝六國，《史記‧商君列傳》云：
「行之十年，秦民大悅，道不拾遺，山無盜賊，家給人足。民勇於公戰，怯

〔註5〕　參見《史記》卷六〈秦始皇本紀〉，卷六十八〈商君列傳〉。
〔註6〕　錢穆《國史大綱》云：「諸國中受封建傳統文化束縛愈深者，其改進愈難，故
　　　　魯、衛遂至積弱不振。其受封建傳統文化束縛較淺者，其改進較易，故齊、
　　　　晉相繼稱霸於春秋……秦、楚則以受封建傳統文化之薰陶更淺，故其國家可
　　　　以不經內部君統篡易而亦追隨改進爲新軍國焉。」見上冊，第二編、第五章
　　　　軍國鬥爭之新局面，頁74～75。
〔註7〕　林劍鳴〈中國眞正統一於西漢〉：「戰國末年，各諸侯國大致分可以分爲關東
　　　　和關西兩個大文化圈。所謂『關西』，主要是秦國，其價值觀是『重功利，輕
　　　　仁義』。而『關東』主要指三晉、燕、齊等國，這些諸侯的文化特點則是『重
　　　　仁義，輕功利』」。錢穆云：「秦人於東土文化，始終未能近受，特借以爲吞噬
　　　　搏攫之用……要之秦人之視東土之文教及學者，僅等於一種工具。」見錢穆
　　　　《秦漢史》第一章、第二節文化之西漸，臺北，東大出版社，1992年，頁11。

於私鬥，鄉邑大治。」

歷史、社會與文化這些因素，雖是使秦國能夠變法成功而戰勝六國的主因，然而秦王朝統一天下後，隨著形勢的不同和改變，這種符合彼時其地的耕戰政策，其缺失也開始暴露了出來。秦文化「重功利」的特質和秦國尚法嚴刑、獎耕織、制軍爵的耕戰政策，基本上是可用於攻而不適於守的，爭戰時期秦國固可以利用戰爭不斷的擴張和征服，來保持其文化與國家的進取性，〔註8〕故秦國人民聞戰則相賀，個個勇於公戰。然而秦王朝統一六國後，天下息戰，為了持續國家的成長，避免其社會文化的停滯，秦王朝則在統一後繼續用兵於匈奴、百越，並大舉營造各種興建設施，這些繁重的功作又都需要大量的役力與賦稅來支撐，因此秦王朝役使民力的逾量，卻成為其敗亡的因素，〔註9〕《漢書‧食貨志上》言秦之賦役云：「月為更卒，已復為正，一歲屯戍，一歲力役，三十倍於古。田租口賦，鹽鐵之利，二十倍於古。或耕豪民之田，見稅十五。故貧民常衣牛馬之衣，而食犬彘之食。」秦國統一天下後，如此橫征暴斂、驅役無度，困虐人民，不僅未能使元元百民離戰國之苦，更造成國家人民陷於崩潰的邊緣，故賈誼認為秦國統一天下後，不能就形勢因勢利導的改變國家政策，是造成秦王朝敗亡的主要因素，〈過秦中〉云：「秦雖離戰國而王天下，其道不易，其政不改，是其所取之也，孤獨而有之，故其亡可立而待也。」

秦國為了統一天下以法家思想富國強兵戰勝六國，彼時爭於氣力而形勢非常，法家尚法嚴刑的方式固能因時乘利發揮功用，但是統一之後，攻守之形勢已然不同，〈過秦中〉云：「夫并兼者高詐力，安危者貴順權，推此言之，取與攻守不同術也。」賈誼認為秦王朝未能認識「攻守之勢異也」的道理，以「取與攻守不同術」原則來調整國家政策，而仍以法家攻戰奪取之術作為

〔註8〕　秦統一天下之後，仍如此大量賦斂以內興功作，除了秦始皇本身視此為其建功立業的法寶外，其原因仍是秦文化的「重功利、尚實用、輕仁義」之價值取向與行為準則，基本上是只適用於攻而不可用於守的，故不斷的擴張與征服正是秦文化得以持續成長的養料，如果沒有擴張和征服來保持其文化的進取精神，那麼秦文化便會枯萎乃至於退化，所以秦國才會在統一後仍繼續用兵於匈奴、百越，並大舉營建長城、馳道、宮室等等各項設施，詳見劉文瑞〈征服與反抗──略論秦王朝的區域文化衝突〉，頁56。

〔註9〕　如五嶺戍五十萬、長城戍三十萬、阿房役七十萬，又有「七科謫」與「閭左戍」等發役制度，其役力之氾濫可見，參見錢穆《國史大綱》第三編、第七章、三、第一次統一政府之出現及其覆滅，臺北，台灣學生書局，1993年，頁127。

治國之道，是註定他必然敗亡的結果，而「攻守之勢異也」和「取與攻守不同術」的原則，正是賈誼用以解釋秦朝敗亡原因的根據，此與陸賈「逆取而順守之」(《史記‧酈生陸賈列傳》) 的看法是完全相同的。

賈誼既於《過秦論》中否定秦王朝以嚴刑竣法的政治作為統治方式，〈過秦中〉云：「秦王懷貪鄙之心，行自奮之智，不信功臣，不親士民，廢王道而立私愛，焚文書而酷刑法，先詐力而後仁義，以暴虐為天下始。」那麼賈誼所提倡的治國安邦思想是什麼呢？他主張以儒家「仁義」之道治國。賈誼認為秦王朝於久經戰亂之後統一天下，當時局勢正是「夫寒者利短褐，而飢者甘糟糠，天下囂囂，新主之資也。」(〈過秦中〉) 假若秦王朝能於此時改變治國方針行「仁義」之治，那麼秦始皇死後，二世繼之，雖為庸主，秦王朝並無必亡之理，〈過秦中〉云：

> 借使秦王論上世之事，並殷周之跡，以制御其政，後雖有淫驕之主，猶未有傾危之患也。……嚮使二世有庸主之行，而任忠賢，臣主一心，而憂海內之患，縞素而正先帝之過，裂地分民以封功臣之後，建國立君以禮天下，虛囹圄而免刑戮，去收孥之罪使各反其鄉里……輕賦少事以佐百姓之急，約法省刑以持其後……即四海之內皆歡然，各自安樂其處，惟恐有變，雖有狡害之民，無離上之心，則不軌之臣無以飾其智，而暴亂之姦弭矣。

然而據《史記‧李斯列傳》所載，秦始皇死後，趙高議胡亥云：

> 嚴法而刻刑，令有罪者相坐誅，至收族，滅大臣而遠骨肉，貧者富之，賤者貴之，盡除先帝之故臣，更置陛下之所親信者近之，……二世然高之言，乃更為法律，於是群臣諸公子有罪，輒下高，令鞫治之。

又載：

> (二世) 法令誅罰日益刻深，群臣人人自危，欲叛者眾，又作阿房之宮，治直馳道，賦斂益重，戍傜無已。

又載李斯上書胡亥言：

> 特嚴督責之術，使群臣百姓救過不給，何變之敢圖。

秦二世在秦始皇死後仍受趙高李斯之讒言，不但個人窮極奢侈，在政治上亦是剛愎自用，朝廷法令更為誅罰深刻，而法令的嚴密和竣法濫刑更使得臣民動則得咎，忠臣智士不敢為其謀，故〈過秦中〉云：

> 二世……重以無道，壞宗廟與民更始，作阿房之宮，繁刑嚴誅，吏治刻深，賞罰不當，賦斂無度，天下多事，吏不能紀。百姓窮困，而主不收恤。然後姦偽並起，而上下相遁。蒙罪者眾，而刑戮相望於道，而天下苦之。自群卿以下，至於眾庶，人懷自危之心，親處危苦之實，咸不安其位，故易動也。

〈過秦下〉云：

> 秦王足己而不問，遂過而不變，二世受之，因而不改暴虐以重禍，子嬰孤立無親，危弱無輔，三主之惑，終身不悟，亡不亦宜乎。當此之時也，世非無深謀遠慮知化之士也，然所以不敢盡忠拂過者，秦俗多忌諱之禁也，忠言未卒於口，而身糜沒矣，故使天下之士傾耳而聽，重足而立，闔口而不言，是以三主失道，而忠臣不諫，智士不爲謀，天下已亂，姦臣不上聞。

秦始皇和秦二世的「背仁輕義」、「嚴刑峻法」、「賦斂無度」，正是促使秦王朝加速敗亡的原因。

綜合賈誼《過秦論》「過秦」之諸原因，賈誼雖認爲秦王朝以法家峻法嚴刑之方式治國又大量賦作暴虐人民，是造成秦王朝政治失敗使國家動搖的因素，然而秦始皇統一天下後未能「因勢權變」改以儒家仁義思想治國，這才是眞正導致秦滅亡的主因，此亦賈誼所以提出：「仁心不施而攻守之勢異也」的意義。而從賈誼〈過秦論〉中我們亦可以發覺，基於秦亡的歷史教訓，賈誼除了主張以儒家「仁義」思想作爲治國之道之外，它並鑒於秦王朝酷法嚴刑爲人民所推翻，而主張國君治國理民亦應以民爲本，〈過秦中〉云：「陳涉不用湯武之賢，不藉公侯之尊，奮於大澤而天下響應者，其民危也。故先王者，見始終之變，知存亡之由，是以牧之以道，務在安之而已矣，下雖有逆行之臣，必無響應之助，故曰安民可與爲義，而危民易與爲非。」由此，「仁政愛民」乃賈誼在政治思想上的具體主張。由賈誼政治主張來看，我們瞭解了賈誼之政治思想基本上是立基於儒家上的，然而賈誼雖然主張儒家政治思想，但從他亦肯定秦之變法富強來看，賈誼亦不完全否定法家思想，賈誼所批評的是法家過於嚴刑竣法「廢王道」、「後仁義」（〈過秦中〉），完全拋棄儒家王道教化理想的作法，所以賈誼之政治思想是一面主張以儒家思想治國，又部份肯定法家法治思想的功效的。

此外，最重要的是賈誼於〈過秦論〉所表達之「因勢權變」的歷史觀，

這是賈誼總結秦「仁心不施而攻守之勢異也。」之滅亡原因後所提出的心得，賈誼在《過秦論》的最後結語中云：「是以君子爲國，觀之上古，驗之當世，參之人事，察盛衰之理，審權勢之宜，去就有序，變化因時，故曠日長久，而社稷安矣。」（〈過秦下〉）這段話說明了賈誼重視以歷史經驗作爲現實政治借鑒之政治思想，賈誼認爲治國理民當以歷史作爲殷鑒，能「觀之上古，驗之當世，參之人事，察盛衰之理。」但最重要的是能從這些歷史中記取經驗教訓，能「審權勢之宜，去就有序，變化因時。」在順應時代潮流，掌握環境形勢之下，了解如何「因勢」來「權變」，弗逆於時的解決問題，避免國家政治之失敗，使國家能夠長治久安，而此賈誼所主張之「因勢權變」的政治觀點，才是他在《過秦論》中所眞正要表達的思想意義。賈誼「因勢權變」的政治主張其實和法家重現實，主張「事異備變」（《韓非子·五蠹》）的變古歷史觀有著相似之處的，〔註 10〕他們都認爲當面對一個新的政治和社會形勢時，必須根據新的形勢採取新的制度，而這種「因勢權變」的政治觀點正是主導賈誼政治思想的主要因素，這也就是何以賈誼會自法家「勢」的觀點，建言漢初政治和看待諸侯王問題的原因。

二、尊君集權

漢承秦制，漢初一開始在政治上即「尊君抑臣」，《史記》卷二十三〈禮書〉云：

> 至秦有天下，悉內六國禮儀，採擇其善，雖不合聖制，其尊君抑臣，
> 朝廷濟濟，依古以來。至於高祖，光有四海，叔孫通頗有增益減損，
> 大抵皆襲秦故，自天子稱號，下至佐僚，及宮室官名，少有所變改。

漢初高祖即位，其政治制度「大抵皆襲秦故，自天子稱號，下至佐僚，及宮室官名，少有所變改。」漢初中央集權式之政治制度即已確立，其「尊君抑臣」之勢已成，故面對漢初各方面之「制度疏闊」問題時，賈誼檢討了秦任法而亡亡之歷史教訓和基於漢初集權統治之政治需求，在其「因勢權變」的政治觀點下，他提出了以儒家「禮」思想作爲漢代集權統治根據的政治主張，賈誼所以提出以儒家「禮」思想作爲漢代集權統治之根據，主要希望藉由儒

〔註10〕 《史記·商君列傳》：「治世不一道，便國無法古。」《韓非子·心度》：「聖人之治民也，法與時移，而禁與世變」商鞅和韓非的思想學說中都主張基於實際情況而變legal利民。關於法家「變古」的歷史觀，參見張純·王曉波《韓非思想的歷史研究》第三章人性論社會論與歷史論，臺北，聯經，1944 年。

家「禮」思想來重建漢初政治、社會、經濟各方面的秩序。由此，在賈誼之「禮」思想的政治主張下，「禮」乃為政治中最高之遵循原則與價值標準，故賈誼主張從平常的居處、社會的教化及國家之統理，皆應該受「禮」的規範和約束，〈禮〉云：

> 尋常之室，無奧剽之位，則父子不別。六尺之輿，無左右之義，則君臣不明。六尺之輿，處無禮即上下踦逆，父子悖亂，而況其大者乎。故道德仁義，非禮不成。教訓正俗，非禮不備。分爭辨訟，非禮不決。君臣上下，父子兄弟，非禮不定。宦學事師，非禮不親。班朝治軍，蒞官行法，非禮威嚴不行。禱祠祭祀，供給鬼神，非禮不誠不莊。是以君子恭敬撙節退讓以明禮。禮者，所以固國家，定社稷，使君無失其民也。主主臣臣，禮之正也。威德在君，禮之分也。尊卑大小，強弱有位，禮之數也。……君仁臣忠，父慈子孝，兄愛弟敬，夫和妻柔，姑慈婦聽，禮之至也。君仁則不屬，臣忠則不貳，父慈則孝，子孝則協，兄愛則友，弟敬則順，夫和則義，妻柔則正，姑慈則從，婦聽則婉，禮之質也。

從賈誼的「禮之正」、「禮之分」、「禮之數」、「禮之至」、「禮之質」中的意義來看，賈誼主張把「禮」當作是人們一切行為的準則和價值規範，他認為「禮」能維護人倫中尊卑、貴賤、大小、強弱之關係，使君臣父子夫婦秩然有序，具有「固國家，定社稷，使君無失其民也」的功能。由賈誼的「禮」思想中，我們發覺，在「禮」之明尊卑、別貴賤和大小強弱分明的意義下，賈誼既主張以儒家「禮」思想代替法治，作為漢代官方統治思想的根據，故他特別的強調「禮」之「尊卑」階級性意義，所謂「主主臣臣，禮之正也。威德在君，禮之分也。尊卑大小，強弱有位，禮之數也。」又「禮者所以守尊卑之經，強弱之稱者也。」而賈誼所以特別強調「禮」的階級性意義，主要是在漢承秦制之「尊君抑臣」的政治規範下，基於集權統治制度的需求，為了維護中央與國君之權力而有此倡言。

由於賈誼對「禮」思想之階級性訴求，故賈誼主張在政治上國君的地位應是絕對，〈階級〉篇中他以堂、陛、地之比喻，表達了他對政治上君、臣、民三者關係之看法，〈階級〉云：

> 人主之尊辟，無異堂陛，必陛九級者，堂高大幾六尺矣，若無陛級者，堂高殆不過尺矣。天子如堂，群臣如陛，眾庶如地，此其辟也，故堂

> 之上，廉遠地則堂高，近地則堂卑，高者難攀，卑者易陵，理勢然也。
> 故古者聖王制爲列等，內有公卿大夫士，外有公侯伯子男，然後有官
> 師小吏，施及庶人，等級分明而天子加焉，故其尊不可及也。

賈誼以堂、陛、地的比諭，將國君之地位形容爲「其尊不可及」，並稱之爲「理勢然也」，主張在政治上必須建立起國君至高無上的地位，這種極端「尊君」的政治主張，正是漢初集權統治所需要的政治理論，也是屬於法家「尊君集權」之政治思想論調，而賈誼這種絕對「尊君」之政治思想，乃是在其「因勢權變」的政治觀點下，利用儒家「禮」之「尊卑」之階級性意義，透過「勢」之觀念運用，將儒家「禮」改造爲國君集權統治所需之「崇上抑下」的政治思想，也就是經由「勢」將儒家「禮」思想法家化，爲國君的集權政治創造有利之形勢與思想根據。〔註11〕

　　賈誼於「禮」之「尊君」原則下，主張以法家絕對「尊君」論作爲國君集權統治之根據，但他並不主張亦將法家「法不阿貴」「以刑去刑」的作法用在統治集團身上，賈誼在〈階級〉篇中以「投鼠忌器」爲諭，說明了他主張「刑不至君子」的理由，〈階級〉云：

> 鄙諺曰：『欲投鼠而忌器』，此善喻也。鼠近於器，尚憚而弗投，恐傷器也，況乎貴大臣之近於主上乎？廉恥禮節，以治君子，故有賜死而無僇辱，是以係縛、榜笞、髡、刖、黥、劓之罪，不及士大夫，以其離主上不遠也。……君之寵臣，雖或有過，刑僇不加其身，尊君之勢也。此則所以爲主上豫遠不敬也，所以禮貌群臣而屬其節也。……今而有過，令廢之可也，退之可也，賜之死可也，夫束縛之、係紲之、輸之司空，編之徒官、司寇、牢正、徒長、小吏，罵而榜笞之，怠非所以令眾庶見也，夫卑賤者，習知尊貴者之事，一旦吾乃可以加也，非所以習天下也，非尊尊貴貴之化也。

就政治上之「尊君」意義而言，賈誼主張「刑不至君子」的原因，除了希望利用刑法的差異將士庶之間的地位加以區別，使「夫卑賤者，習知尊貴者之

〔註11〕與法家不同的是，法家利用「法」，也就是人主設「法」來加強「勢」，故〈韓非子・心度〉云：「明君操權而上重，一政而國治，故法者，王之本也。」而賈誼則以堂、陛、地的比諭，將國君之地位形容爲「其尊不可及」，並稱之爲「理勢然也」，又云：「等級既設，各處其檢，人循其度，擅退則讓，上僭則誅。」（〈服疑〉），其目的是希望透過「禮」之尊卑規範，建立起「人設之勢」以確立國君至高無上的地位。

事」（〈階級〉），主要還是因爲「大臣之近於主上」，其地位「離主上不遠也」，故爲了「尊君之勢」以「爲主上豫遠不敬」，賈誼主張應該「刑不至君子」，而賈誼這種以「尊君之勢」爲由而「刑不至君子」的政治主張，可以說是「因勢權變」的結合儒法兩家思想，爲其「尊君」之政治主張服務。

賈誼這種極端「尊君」之「禮」思想主張，在面對諸侯王制度上之僭越問題時表現的更爲清楚了。賈誼面對漢初諸侯王「制同中央」之僭擬問題，主張於「禮」之尊分明的政治規範下，應嚴分君臣之階級地位，〈服疑〉篇中賈誼便以「尊天子避嫌疑」爲由，提出必須區別君臣間之服章號令的主張，〈服疑〉篇云：

> 衣服疑者是謂爭先，澤厚疑者是謂爭賞，權力疑者是謂爭彊，等級無限是謂爭尊。彼人者，近則冀幸，疑則比爭，是以等級分明，則下不得疑，權力絕尤，則臣無冀志。故天子之於臣下也，加五等已往則以爲臣，臣之於下也，加五等已往則以爲僕，僕亦臣禮也，然稱僕不敢稱臣者，尊天子避嫌疑也。制服之道，取至適至和以予民，至美至神進之帝，奇服文章，以等上下差貴賤。是以高下異，則名號異，則權力異，則事勢益，則旗章異，則符瑞異，則禮寵異，則秩祿異，則冠履異，則衣帶異，則環佩異，則車馬異，則妻妾異，則澤厚異，則宮室異，則床席異，則器皿異，則飲食異，則祭祀異，則死喪異。故高則此品周高，下則此品周下，加人者品此臨之，埤人者品此承之，邁則品此者進，絀則品此者損。貴周豐，賤周謙，貴賤有級，服位有等，等級既設，各處其檢，人循其度，擅退則讓，上僭則誅。建法以習之，設官以牧之，是以天下見其服而知貴賤，望其章而知其勢使。

〈等齊〉篇亦云人臣不得「乃埒至尊」的與天子在衣服號令上「撰然齊等」，其云：

> 人情不異，面目狀貌同類，貴賤之別，非天根著於形容也，所持以別貴賤，明尊卑者，等級勢力衣服號令也，亂且不息，滑曼無紀，天理則同人事無別，然則所謂臣主者，非有相臨之具，尊卑之經也，特面形而異之耳，近習乎形貌，然後能識，則疏遠無所放，眾庶無以期，則下惡能不疑其上，君臣同倫，異等同服，則上惡能不眩其下。

賈誼主張在「禮」之「尊君卑臣」的政治規範下，君臣之間其服章號令應有

所等級分別，所以諸侯王不應於制度上「凌等」、「踰級」。由賈誼強調「尊君卑臣」之等級分明的「禮」思想來看，賈誼在諸侯王制度僭擬之問題上，主張以儒家「禮」之「君尊臣卑」的政治規範來抑制諸侯王，實賈誼主張之「禮」思想是傾向法家色彩的，而這種傾向法家色彩之「尊君集權」的政治立場，正是賈誼在「因勢權變」的政治觀點下，結合儒法兩家思想所提鍊出來，而明白的反映在他建言諸侯王問題上。

三、「定地制」以「眾建諸侯」

面對漢初制度疏闊與諸侯王坐大之政治問題，賈誼提出儒家「禮」思想作為解決問題之憑依，然而對於諸侯王問題，賈誼除了主張在制度上分別，防止諸侯王之僭擬之外，最重要的還是如何從根本上防犯與杜絕其叛亂，此點賈誼亦自「勢」之觀點出發，主張對於漢初諸侯王問題，應自在現實「形勢」之觀點來看待問題，因此，賈誼檢討了高祖以來諸侯王反叛之情形，進一步的提出了他的具體看法和主張，〈藩彊〉云：

> 竊跡前事，大抵彊者先反，淮陰王楚最彊則最先反，韓王信倚胡則又反，貫高因趙資則又反，陳豨兵精彊則又反，彭越用梁則又反，黥布用淮南則又反，盧綰國比最弱則最後反，長沙乃纔二萬五千戶耳，力不足以行逆，則功少而最完，勢疏而最忠，全骨肉，時長沙無故者，非獨性異人也，其形勢然矣。

由於諸侯王反叛皆是在勢大力強的「形勢」下「強者先反」，而異姓之長沙王因力小的緣故所以得以保全，所以賈誼認為只要諸侯王兵強力足，便足以在勢強的情形下促使其反叛，〈權重〉云：「諸侯勢足以專制，力足以行逆，雖令冠處女，勿謂敢。勢不足以專制，力不足以行逆，雖生夏育有仇讎之怨，猶之無傷也。」故在此「勢大力強」的「形勢」使然下，賈誼認為諸侯王的叛亂與否便和朝廷之恩澤或親疏關係無關了，〈親疏危亂〉云：

> 高皇帝五年即天子之位，割膏腴之地，以王有功之臣，多者百餘城，少者乃三四十縣，德至渥也，然其後十年之間，反者九起，幾無天下者五六……諸侯王雖名為人臣，實皆有布衣昆弟之心，慮無不宰制，而天子自為者，擅爵人，赦死罪，甚者或戴黃屋，漢法非立，漢令非行也。……故疏必危親必亂，陛下之因今以為治安，奈何知其必且危亂也。

賈誼認為諸侯王問題並非出自於異姓疏或同姓親的關係上，而是出自於以「形勢」之強弱取勝，故〈審微〉篇云：「彼人也，登高則望，臨深則窺。人之性，非窺且望也，勢使然也。」

　　既然漢初諸侯王問題之癥結在於形勢之強弱上，故賈誼主張應從「形勢」上來解決問題。於此，賈誼於〈制不定〉中以解牛為諭，說明諸侯王問題如同牛體中的「髖髀之所」，非下斤斧則不能勝任，〈制不定〉云：

> 奈何屠牛坦，一朝解十二牛，而芒刃不頓者，所排擊所剝割，皆象理也，然至髖髀之所，非斤則斧矣。仁義恩厚，此人主之芒刃也，權勢法制，此人主之斤斧也，勢已定權已足矣，乃以仁義恩厚因而澤之，故德布天下有慕志。今諸侯王皆眾髖髀也，釋斤斧之制，而欲嬰以芒刃，臣以為刃不折則缺耳。

賈誼認為處理諸侯王問題應施以法家「權勢法制」的手段，勢定之後再濟之以「仁義恩厚」，觀賈誼所謂「仁義恩厚」之用，事實上亦是在勢之必然下所提出，所謂「勢已定權已足矣，乃以仁義恩厚因而澤之。」而在此「形勢」的觀點下，賈誼並進而分析了當時中央與諸侯王之間的形勢，如同戰國時秦之備山東六國之患，而提出了「眾建諸侯」的方法，希望從「形勢」的重新安排來改變中央與諸侯王之間的強弱關係，以達到鞏固中央政權的目的，〈藩彊〉云：

> 然則天下大計可知已，欲諸侯王皆忠附，則莫若令如長沙。欲勿令菹醢，則莫令如樊酈絳灌。欲天下之治安，天子之無憂，莫如眾建諸侯而少其力，力少則易使以義，國小則無邪心。

〈壹通〉云：

> 所謂建武關，函谷臨晉官者，大抵為備山東諸侯也，天子之制在陛下，今大諸侯多其力，因建關而備之，若秦之備六國也。豈若定地勢，使無可備之患，因行兼愛無私之道，罷關一通天下，無以區區獨有關中者，所為禁游宦諸侯，及得出馬關者。……於臣之計，疏山東孽諸侯，不令似一家。

賈誼「眾建諸侯而少其力」的辦法，是用「定地制」的方式，將諸侯王封地「推恩」其子孫，使各侯國因「國小力少」無法反叛中央，〈五美〉云：

> 割地定制，齊為若干國，趙楚為若干國，制既各有理矣，於是齊悼惠王之子孫，王之分地盡而止，趙幽王、楚元王之子孫，亦各以次受其祖之分地，燕吳淮南他國皆然。其分地眾而子孫少者，建以為

　　國，空而置之，須其子孫生者，舉使君之。諸侯之地，其削頗入漢
　　者爲徒，其侯國及封，其子孫於彼也，所以數償之故。

賈誼建議文帝以「一寸之地，一人之眾，天子無所利焉」（〈五美〉）之「定地
制」方式，來推恩諸侯王子孫使其「國小則無邪心」，此以當時客觀的政治形
勢而言，賈誼這種「眾建」方式，主要是考慮到當時諸侯過於勢大力強，而
文帝初即位並無集權中央之實力，故爲了避免因削地至「動一親戚，天下環
視而起。」（〈親疏危亂〉）之情形發生，賈誼乃主張用「定地制」之眾建方式，
將諸侯王力量分散於中央之外，即從客觀形勢上來改變諸侯王與中央之關
係，慢慢將政權集於中央以鞏固中央之領導地位，這是賈誼在鞏固中央政權
的前題下，所以採取「眾建」推恩方法的主要原因。

　　此外，賈誼並對於當時吳、楚兩諸侯王蠢蠢欲動的情形，以漢初高祖大
封同姓「廣疆庶孽，以鎮撫四海，用承衛天子。」的例子，建議文帝應該運
用「以親制疏」之策，益封其子梁與淮陽之地來預防吳、楚等山東諸侯王的
連合叛亂，〔註12〕〈益壤〉云：

　　今之勢豈過一傳再傳哉！諸侯猶且人恣而不制，豪橫而大強也，至其
　　相與，特以縱橫之約相親耳，漢法令不可得而行矣。今淮陽之比大諸
　　侯，懂過黑子之比於面目，豈足以爲楚御哉，而陛下所恃以爲藩捍者，
　　以代、淮陽耳，代北邊與疆匈奴爲臨，懂足自完足矣，唯皇太子之所
　　恃者，亦之二國耳，今淮陽之所有，適足以餌大國耳，方今制在陛
　　下，制國命子，適足以餌大國，豈可謂工哉！……且令他人守郡，豈
　　如令臣之愚計，願陛下舉淮南之地，以益淮陽，梁即有後，割淮陽北
　　邊二三列城與東郡以益梁，即無後患，代可徒而都睢陽，梁起新鄭以
　　北著之河，淮陽包陳以南楗之江，則大諸侯之有異心者，破膽而不敢
　　謀。今所恃者，代淮陽二國耳，皇太子亦恃之，如臣之計，梁足以悍
　　齊趙，淮陽足以禁吳楚，則陛下高枕而臥，終無山東之憂矣。

〔註12〕文帝六年，淮南王長廢先帝法，不聽天子詔，出入擬于天子，擅爲法令、謀反，
　　　　遣人使閩越及匈奴，發其兵。事覺，帝不忍置之法，廢處蜀嚴邛都，行至鳳翔，
　　　　不食死，國除爲九江郡。淮南既除，齊、趙勢弱，而吳、楚虎視東藩，尤以吳
　　　　王濞野心勃勃，蠢蠢欲動。文帝四年時，曾徙代王武淮陽，參爲代王而盡得
　　　　太原故地，十一年梁王勝死，無子，國除。時賈誼提出加強梁與淮陽國防之建
　　　　議以防山東諸藩國叛亂。參見王恢《漢王國與侯國之演變》，國立編譯館中華
　　　　叢書編審委員會，1984 年，頁 17～18。

賈誼建議文帝益封梁與淮陽之地的用意，一方面是因此可以增加代地之防禦力量抵禦匈奴的入侵，另外則是又可用以抵禦吳、楚等山東諸侯王的叛亂，其建議可謂是欲以一事收二功之效。

總括前言，漢初在黃老政治下所產生之制度疏闊問題，賈誼基於秦任法而亡的歷史教訓，雖然提出儒家「禮」作為漢代大一統專制統治之思想根據，但是在中央集權的政治體制之下，就集權統制而言，「法」比「禮」更能鞏固與加強君權的統治，因此在漢初政治一開始便無法捨棄法家思想的情形下，〔註13〕賈誼專為漢初集權統治所提出的儒家「禮」思想，自然亦不得捨法純儒，故賈誼依據現實政治之需要，在「禮」和「法」共同主張「尊君卑臣」之規範上，結合儒法兩家思想，因法家「勢」之觀念，因勢權變的將儒家「禮」思想之「尊君卑臣」之政治規範「法家化」，〔註14〕把「禮」轉變為集權統治所需之「尊君」思想，而為漢代之集權統治尋找到合理的儒家思想根據。〔註15〕

在處理漢初諸侯王問題方面，賈誼則是於「尊君集權」的政治立場，同樣採取法家「勢」之觀點，主張以「權勢法制」為力量來推行「眾建諸侯」政策，從客觀形勢上來削弱諸侯王之勢，改變中央與諸侯王之間的強弱關係，這種作法正是法家「人臣之於其君，非有骨肉之親也，縛於勢而不得不事也。」（《韓非子・備內》）之思想，其主張完全建立在法家「勢」的觀點上，正如徐復觀先生所云：「漢初封建，既由形勢所逼成，復以形勢去挽救，完全建立在以『力』控制上，其中沒有一點政治理想。」〔註16〕總之，無論面對國家「制度疏闊」或諸侯王問題，賈誼皆於「尊君集權」的政治立場上，以其「因

〔註13〕林聰舜：「法家本就是為專制體制催生的意識形態，也是專制體制需要的意識形態，它的思想自然與專制體制有密不可分的關係，除非漢帝國放棄專制體制，否則就無法放棄法家思想。」見氏著《西漢前期思想與法家的關係》第二章漢初黃老思想中的法家傾向，臺北，大安出版社，1991年，頁56。

〔註14〕林聰舜：「賈誼想透過層層階級烘托天子至高無上的地位，基本上仍是法家「勢」的觀念的運用」見氏著《西漢前期思想與法家的關係》第三章賈誼思想中的儒法結合特色，同前註13頁76～94。

〔註15〕基本上賈誼所言的「勢」，皆指客觀條件及規律之「形勢」，此與法家所言之「勢」，即國君根據一切客觀「形勢」以達成主觀願望的一種力量，兩者是相同的，而賈誼其「勢」的觀念亦反映在他對太子教育及對匈奴問題的看法中。關於法家「勢」的意義之分析，詳見張純、王曉波《韓非思想的歷史研究》第四章專制主義之政治哲學，臺北，聯經出版社，1994年，頁113～120。

〔註16〕見徐復觀《兩漢思想史》卷一，〈漢代專制政治下的封建問題〉，臺北，台灣學生書局，1993年，頁164。

勢權變」的政治觀點，利用法家「人爲之勢」（《韓非子·勢難》）的運用，結合儒法兩家思想，將所有問題導向有利國君這一面。

四、國君規範與太子教育

由於賈誼之政治思想主要是以「尊君集權」作爲其理論核心，環繞國君而展開，故國家之興亡與否，可以說全繫乎國君一人之明智與領導，因此對於如何教戒國君、規範國君行爲亦深爲賈誼所重視，並且由於對國君品德之重視，賈誼進而注重太子之教育問題，所以對於如何規範國君與太子之教育問題，亦爲賈誼政治思想所衍伸之極爲重要的一環。

賈誼《新書》中關於規範「君道」的篇章，主要集中於「連語」類諸篇文章中，從賈誼《新書》這些篇章中，我們發覺賈誼是極爲注重國君之品德與言行的，而且從其種種告君之語來看，賈誼言「君道」主要是環遶著儒家「仁政」思想而展開，不離儒家思想範圍，如〈先醒〉篇裡賈誼云：「世主有先醒者，有後醒者，有不醒者。」所謂「先醒」者即國君「內領國政治，而外施教百性。」必須「學問不倦，好道不厭，銳然獨先達乎道理。」時時保持其進之取心，致力於修身，並能「自錯不肖，思得賢佐。」（〈先醒〉）察賢舉用，得賢而師之，如此方能「未治也，知所治；未亂也，知所以亂；未安也，知所以安；未危也，知所以危。」知國之所以存亡之由，作到「先寤」、「先醒」的地步，賈誼這種「以身作則」、「先寤」、「先醒」的主張，是希望國君能作到「正身治國」。而〈耳痺〉篇中賈誼則舉了楚平王濫殺伍子胥之父，和吳王夫差不能納子胥忠言至爲越國所滅的等事，告君「目見正而口言枉則壞，陽言吉，錯之民而凶則敗，倍道則死，障光則晦，誣神而逆人，則天必敗其事。」（〈耳痺〉）主張國君應「愼刑罰」、「納忠諫」，〈耳痺〉云：「若誅伐順理，而當辜殺三軍而無咎，誅殺不當，辜殺一匹夫，其罪聞皇天。故曰：『天之處高，其聽卑，其牧芒，其視察。』故凡自行不可不謹愼也。」戒君治國理民，必須依禮行法，及了解自身言行對國家之影響。此外，在〈諭誠〉、〈退讓〉篇中，賈誼則引《左傳》史實明示國君「仁德」、「恤民」、「不相棄」、「不背信」、「禮臣」、「退讓」、「禍福」等規範，作爲國君治國臨民的警惕，以及明示國君如何才能成爲「賢君」。另外〈君道〉篇裡賈誼並以「射鵠」爲比諭，云：「夫射而不中者，不求之鵠，而反修之於己。」戒君欲使人民歸附，應該「反修之於己」虛心的檢討自己的過失，從本身作起，〈君道〉：「君國子

民者，反求之己，而君道備矣。」凡此等等，從賈誼「君道」的內容來看，大致上是不離儒家「仁政愛民」與忠、信、仁、義之儒家思想。

由於賈誼重視國君品德與行為之規範，故為了造就國君成為一個仁政愛民的「明君」，賈誼認為在國君為太子時，即須注意太子之教育問題，而賈誼對太子教育，其立論背後，則牽涉了他對人性之看法，〈審微〉篇云：

> 彼人也，登高則望，臨深則窺。人之性，非窺且望也，勢使然也。夫事有逐姦，勢有召禍，老聃曰：「為之於未有，治之於未亂。」管仲曰：「備患於未形，上也。」語曰：「燄燄於弗滅，炎炎奈何。」萌芽不伐且折斧柯，智禁微次也。

賈誼對於人性之看法，所抱持的是環境影響論立場，他認為外在環境形勢是決定人性善惡與作為的主要因素，所以止姦杜惡應該自外在環境上，事前即設法防範於未然。

而在這種環境影響論下，賈誼認為人性非甚相遠，但造成殷周之君行事「有道」而胡亥個性殘暴無道，並非胡亥個性性惡的緣故，主要是因為環境所造成的，〈保傅〉云：

> 殷為天子，二十餘世，而周受之；周為天子，三十餘世，而秦受之；秦為天子，二世而亡。人性非甚相遠也，何殷周之君，有道之長，而秦無道之暴也。……及秦而不然，其俗固非貴辭讓也，所上者告姦也。固非貴禮義也，所上者刑罰也。使趙高傅胡亥，而教之獄，所習者非斬劓人，則夷人三族也，故今日即位，明日射人，忠諫者謂之誹謗，深為之計者，謂之妖言，其視殺人若艾草然，豈胡亥之性惡哉，其所習道之者，非理故也。

賈誼認為由於人所接觸的環境決定了其行事作為的善惡方向，因此秦之尚刑罰反禮義與無良師正輔的社會教育環境，造成了胡亥成為殘暴無道的個性，所以人實際上是可以經由教育或環境而導之善或導之惡的，〈保傅〉云：

> 習與正人居之，不能無正也，猶生長於齊之不能不齊言也。習與不正人居之，不能無不正也，猶生長於楚之不能不楚言也。故擇其所嗜，必先受業，乃得嘗之。擇其所樂，必先有習，乃得為之。孔子曰：「少成若天性，習貫如自然。」

〈勸學〉云：

> 謂門人學者，舜何人也，我何人也。夫啟耳目載心意，從立移徙，

與我同性，而舜獨有賢聖之名，明君子之實，而我曾無鄰里之聞，

寬徇之智者，獨何與？然則舜僴俛而加志，我僮僮而弗省耳。

賈誼這種「居齊而齊」、「居楚而楚」、「習貫如自然」之環境影響論的教育觀，此與荀子重視後天教育，認爲環境能改變一個人的思想，猶如「居越而越」、「居楚而楚」的教育論基本上是相同的，而賈誼這種注重環境和學習的人性論調，使得他特別重視太子後天環境與教育的重要。

　　賈誼之重視後天環境與學習的人性教育觀點，反映於太子教育問題上，其看法如何呢？賈誼認爲太子教育應自「胎教」開始，自王妃懷妊太子之前，國君便應該選擇孝悌有義行的王妃作爲太子的懷妊之母，〈胎教〉篇云：

必擇孝悌，世世有行義者，如是則其子孫慈孝，不敢有淫暴，黨無

不善，三族輔之。故鳳凰生而有仁義之意，虎狼生而有貪戾之心，

兩者不等，各以其母，嗚呼！戒之哉，無養乳虎，將傷天下。

賈誼主張愼選孝悌有義行的王妃作爲太子的懷妊之母，主要是因爲遺傳的原因，他希望太子自始即能有著良好的遺傳基因，故謂：「鳳凰生而有仁義之意，虎狼生而有貪戾之心，兩者不等，各以其母。」而且賈誼認爲王妃在懷妊之時，即必須留意自己的言行舉止，不論立、坐、笑、怒以及獨處之時，皆必須時時注意言行是否端正，〈胎教〉云：

立而不跂，坐而不差，笑而不諠，獨處不倨，雖怒不罵。

並且日常生活上，〈胎教〉云：

王后所求聲音，非禮樂，則太師撫樂，而稱不習。所求滋味者，非

正味，則太宰荷斗，而不敢煎調，而曰不敢侍太子。

賈誼認爲王妃在懷妊時，日常生活與舉止上必須時時注意合乎「禮」的要求，如此才能避免不良的「胎教」對太子造成影響。

　　此後，太子出生之後，最重要的是「蚤諭教與選左右」，因「心未濫而先教育，則化易成也。」〈保傅〉云：

天下之命縣於太子，太子之善在於蚤諭教與選左右，心未濫而先教

育，則化易成也。夫開於道術，知義之指，則教育之功也，若其服

習積貫，則左右而已矣。夫胡越之人，生而同聲，嗜慾不異，及其

長而成俗也，累數譯而不能相通行，有雖死而不相爲者，則教習然

也。臣故曰：「選左右，蚤教育，最急。」夫教得而左右正，則太子

正矣，太子正而天下定矣。

而「蚤諭教」與「選左右」教育太子，必須使「仁者養之，孝者繈之。」（〈胎教〉）選擇良好的的左右師輔教育太子，〈保傅〉云：

> 古之王者，太子初生，固舉以禮，使士負之有司，齋肅端冕，見之南郊，見于天也。過闕則下，過廟則趨，孝子之道也。故自為赤子，而教固已行已。昔者周成王幼在襁褓之中，召公為太保，周公為太傅，太公為太師。保，保其身體；傅，傅之德義；師，道之教訓，三公之職也。於是為置三少，皆上大夫也，曰少保，少傅，少師是與太子燕者也。故孩提有識，三公三少，固明孝、仁、禮、義，以導習之，逐去邪人，不使見惡行，於是皆選天下之端士，孝悌博聞有道術者，以衛翼之，使與太子居處出入，故太子出生，而見正事，聞正言，行正道，左右前後，皆正人也。

賈誼舉召公、周公、太公、教導周成王為例，說明古時於太子初生即已慎選左右注意太子之教育，故他主張太子教育應該從年幼時即慎選左右開始教導，所謂「自為赤子，而教固已行已。」「太子出生，而見正事，聞正言，行正道，左右前後，皆正人也。」賈誼之目的不外是希望為太子製造一個良好的環境，使太子在幼少時便能不受邪惡環境之影響，有一個完整正確的學習環境，故〈保傅〉云：「夫開於道術，知義之指，則教育之功也，若其服習積貫，則左右而已矣。」

而為了慎選左右以良好的師輔教育太子，進一步的賈誼並對於教導太子的師輔，所謂三公、三少、詔公、太史等等職責，有著明確和詳細的說明，〈傅職〉云：

> 或稱春秋，而為之聳善抑惡，以格勸其心。教之禮，使知上下之則。或為之稱詩，而廣道顯德，以馴明其志。教之樂，以疏其穢，而填其浮氣。教之語，使明於上世，而知先王之務明德於民也。教之故志，使知廢興者，而戒懼焉。教之任術，使能紀萬官之職任，而知治化之儀。教之訓典，使知族類疏戚，而隱比馴焉。此所謂學太子以聖人之德者也。或明惠施，以道之忠。明長復，以道之信。明度量，以道之義。明等級，以道之禮。明恭儉，以道之孝。明敬戒，以道之事。明慈愛，以道之仁。明閒雅，以道之文。明除害，以道之武。明精直，以道之罰。明正德，以道之賞。明齋肅，以道之教，此所謂教太子也。左右前後莫非賢人，以相輔之。摠威儀，以先後

> 之。攝體貌，以左右之。制義行，以宣翼之。章恭敬，以監行之。
> 勤勞以勸之，孝順以內之，敦篤以固之，忠信以發之，德言以揚之，
> 此所謂順者也。此傅人之道也。非賢者不能行，天子不諭於先聖之
> 德，不知國君畜民之道，不見禮義之正，不察應事之理，不博古之
> 典傳，不閑於威儀之數，詩書禮樂無經，天子學業之不法，凡此屬
> 太師之任也。天子不姻於親戚，不惠於庶民，無禮於大臣，不忠於
> 刑獄，無經於百官，不哀於喪，不敬於祭，不誠於戎事，不信於諸
> 侯，不誠於賞罰，不厚於德，不彊於行，賜予侈於左右近臣，各授
> 於疏遠卑賤，不能懲忿忘欲，大行大禮，大義大道不從，太師之教
> 凡此，其屬太傅之任也。

凡此春秋、禮、詩、樂、書和統御百官之術，及度量、等級、恭儉、敬戒、
慈愛、倜雅、精直、正德、齋肅等等，這些聖人之德與修身臨民之志，皆為
太子師輔職責及教導太子之內容，賈誼之目的在於以最好的師輔和環境，把
太子教導成為一個端正的國君。

賈誼為了教育太子能具備完整端正的人格，從「胎教」開始，進而「左
右師輔」問題，賈誼皆有著一套完整而詳盡的規劃，而這些規劃多屬於太子
的學前教育，除了這些學前教育之外，賈誼另有著對太子長成以後的學校教
育規劃。

賈誼對於太子的長成教育，主要是以東學、南學、西學、北學、太學等
五學以教育太子，〈保傅〉云：

> 太子少長，知好色則入于學，學者所學之官也。學禮曰，帝入東學，
> 上親而貴仁，則親疏有序，而恩相及矣。帝入南學，上齒而貴信，
> 則長幼有差，而民不誣矣。帝入西學，上賢而貴德，則聖智在位，
> 而功不遺矣。帝入北學，上貴而尊爵，則貴賤有等，而下不踰矣。
> 帝入太學，承師問道，退習而考於太傅，太傅罰其不則，而匡其不
> 及，則德智長，而治道得矣。

此五學為殷周時期的古代學制，它代表了賈誼心目中的理想學制，此五學所
學習之內容，「東學，上親而貴仁，則親疏有序，而恩相及矣。」「南學，上
齒而貴信，則長幼有差，而民不誣矣」、「北學，上貴而尊爵，則貴賤有等，
而下不踰矣。」等等，太子於學校中所學者，主要是學習完善的「禮」教，
因為賈誼認為太子能夠接受完備的「禮」教，才能使之「德智長，而治道得」，

所謂「此五學者，既成於上，則百姓黎民化輯於下矣，學成治就，是殷周所以長有道也。」

太子進入學校完成學習後，至此可以說教育已大致完備了，但是太子的學習非至此為止，〈保傅〉續言：「太子既冠成人，免於保傅之嚴，則有司直之史，有虧膳之宰。」太子離開學校後，則開始由官吏來教導，進入現實政治的實際環境中學習，並且必須接受左右官吏的約束指導，尊守「禮」的各種生活規範，以俱備成為德君之基本修為，〈保傅〉云：

> 天子有過，史必書之，史之義，不得書過則死。而宰收其膳，宰之
> 義，不得收膳則死，於是有進善之旌，有誹謗之木，有敢諫之鼓，
> 瞽史誦詩，工誦箴，諫大夫進謀，士民傳語，習與智長。故切而不
> 愧，化與心成，故中道若性，是殷周所以長有道也。三代之禮，天
> 子春朝，朝日、秋暮、夕月，所以明有敬也，春秋入學，坐國老執
> 醬，而親饋之，所以明有孝也。行以鸞和，步中采薺，趨中肆夏，
> 所以明有度也。其於禽獸也，見其生不忍其死，聞其生不嘗其肉，
> 故遠庖廚，所以長恩，且明有仁也。
> 食以禮，徹以樂，失度則史書之工誦之，三公進而讀之，宰夫減其
> 膳，是天子不得為非也。

太子進入於實際的政治環境中學習，所學的才是成為國君所應具有一切德行。所以當太子結束所有的學習教育，雖已俱備成為國君的資格了，但正式即位為國君後，仍是必須接受左右官吏的輔佐的，也因太子即位後，仍必須接受左右官吏的輔佐，因此，賈誼對國君左右輔翼官吏的職責亦有著明白的規定，〈保傅〉云：

> 明堂之位，曰篤仁而好學，多聞而道順，天子疑則問，應而不窮者，
> 謂之道。道者，道天子以道者也，常立於前，是周公也。誠立而敢
> 斷，輔善而相義者，謂之輔，輔者，輔天子之意者也，常立於左，
> 是太公也。潔廉而切直，匡過而諫邪者，謂之拂，拂者，拂天子之
> 過者也，常立於右，是召公也。博聞強記，捷給而善對者，謂之承，
> 承者，承天子之遺忘者也，常立於後，是史佚也。故成王中立聽朝，
> 則四聖維之，是以慮無失計，而舉無過事，殷周之所以長久者，其
> 輔翼太子有此具也。

賈誼對於國君左右輔翼如此的注重，以成王左右之周公、太公、召公、史佚

之輔翼爲藉論，是希望避免在環境左右的直接影響下，形成天子的思想與行爲的偏差，重蹈秦二世爲左右蒙蔽而殘暴無道之亡國覆轍。

觀賈誼之教育思想，從「君道」進至「太子教育」，基本上賈誼的教育思想是秉持著教育環境論，而著重於後天教育和學習環境的影響，故在教育太子成爲完美人格之國君前題下，從「胎教」、「學校教育」至「國君輔翼」之諸問題，皆有著詳細而完備之規劃，且其教育內容不離儒家「禮」之範圍的。

五、民本思想

賈誼民本思想主張，基本上是從秦政治的敗亡中所檢討出來的，賈誼認爲漢初君臣以布衣卿相之局推翻秦朝，其政權即建立在秦王朝暴虐人民的基礎上，所以賈誼深知漢之興是在結合民心之下推翻暴秦，但也能於未能「塞萬民之望」（〈過秦中〉）下重蹈秦之覆轍。因此，賈誼在《過秦論》懲惡亡秦之餘，主張以儒家「仁政」作爲統治者「安民」之政治主張，〈過秦上〉云：「一夫作難而七廟墮，身死人手，爲天下笑者何也？仁心不施，而攻守之勢異也。」〈過秦中〉亦云：「故先王見始終之變，知存亡之由，是牧之以道，務在安之而已矣。下雖有行逆之臣，必無響應之助，故日安民可與爲義，而危民易與爲非。」賈誼「仁政」和「安民」之「民本」思想，既是在總結秦亡的教訓與汲取前人的經驗上所提出，自當有其個人獨見之處，故本節之探討則將環繞於其「民本」思想的創建之處來討論。

中國自古即有民本思想的記載，直到戰國百家爭鳴時期，政治思想上亦莫不以民本爲依歸，[註17]而賈誼的「民本」思想既是在前人的經驗下所提出，那麼他對人民於國家政治之作用和地位又有怎樣的看法呢？〈大政上〉云：

> 聞之於政也，民無不爲本也，國以爲本，君以爲本，吏以爲本，故國以民爲安危，君以民爲威侮，吏以民爲貴賤，此之謂民無不爲本也。聞之於政也，民無不爲命也，國以爲命，君以爲命，吏以爲命，故國以民爲存亡，君以民爲盲明，吏以民爲賢不肖，此之謂民無不爲命也。聞之於政也，民無不爲功也，故國以爲功，君以爲功，吏以爲功，故國以民爲興壞，君以民爲彊弱，吏以民爲能不能，此之謂民無不爲功也。聞之於政也，民無不爲力也，故國以爲力，君以

〔註17〕中國之民本思想發展，參見張純、王曉波《韓非思想的歷史研究》第四章專制主義之政治哲學，同前註10，頁141～142。

> 爲力，吏以爲力，故夫戰之勝也，民欲勝也，攻之得也，民欲得也，
> 守之存也，民欲存也。

從政治的立場出發，賈誼認爲人民不僅關係國家之興衰存亡、君主之強弱昏明、戰爭的攻守得失等，甚至於連官吏的賢能與否亦是取決於民的。既然人民才是國家之本，故賈誼認爲國家之災福殃禍並非在天而是取決於人民的，〈大政上〉云：「故夫災與福也，非純粹在天也，必在士民也，嗚呼！戒之戒之。」不止如此，甚至國君的富貴與否亦是由民所決定，〈大政上〉云：

> 位不足以爲尊，而號不足以爲榮。故君子之貴也，士民貴之，故謂
> 之貴也。故君子之富也，士民樂之，故謂之富也。故君子之貴也，
> 與民以福，故士民貴之。故君子之富也，與民以財，故士民樂之。
> 故君子富貴也，至於子孫而衰，則士民皆曰：「何君子之道衰也，數
> 也。」

由於人民之力量直接關係著國君與國家富貴福禍的前途，故賈誼認爲國君當重視人民不可與民爲仇，〈大政上〉：「自古至於今，與民爲讎者，有遲有速，民必勝之。」「夫民者大族也，民不可不畏也。故夫民者多力，而不可適也。」由賈誼對人民地位與作用之說明來看，賈誼認爲人民對國家政治的影響力是極爲巨大的，尤其是其「吏以民爲本」的說法，不僅把人民影響力更加擴大，同時也告戒國君人民力量和意向是不容忽視的。

賈誼既認爲人民的力量與意向不容國君忽視，而對於這一直接關係國家存亡的群體，賈誼又有何進一步的看法呢？賈誼於〈大政上〉云：

> 故夫民者，至賤而不可簡也，至愚而不可欺也。
> 夫民者，萬世之本也，不可欺。凡居上位者，簡士苦民者是謂愚。

〈大政下〉云：

> 夫民之爲言也，暝也；萌之爲言也，盲也。故惟上之所扶而以之，
> 民無不化也。故曰，民萌！民萌哉！直言其意而爲之名也。夫民者
> 賢不肖之才也，賢不肖皆具焉，故賢人得焉，不肖者伏焉，技能輸
> 焉，忠信飾焉，故民者積愚也。故夫民者雖愚也，明上選吏焉。

〈修政語下〉：

> 聖王在上，則君積於仁，而吏積於愛，而民積於順。

賈誼認爲人民是「至愚」、「至賤」、「暝盲」但是卻是「不可欺」的，而且因「民者賢不肖之才也，賢不肖皆具焉。」故統治者對人民應施以教化，所謂

「惟上之所扶而以之，民無不化也。」使人民「賢人得焉，不肖者伏焉，技
能輸焉，忠信飾焉。」知「順從」之理。

　　而賈誼這種對人民「瞑盲愚賤」必須使其「明教順上」的看法，使
　　得他在如何持教化人民上，特別重視「吏」之作用，而有「吏以民
　　為本」的主張。賈誼於〈大政上〉言「吏」之職責，云：

　　　　故上為非，則諫而止之，以道弼之。下為非，則矜而恕之，道而赦
　　　　之，柔而假之。故雖有不肖民，化而則之。故雖昔者之帝王，其所
　　　　貴其臣者，如此而已矣。人臣之道，思善則獻之於上，聞善則獻之
　　　　於上，知善則獻之於上。夫民者，唯君有之，為人臣者，助君理之。

〈大政下〉亦云：

　　　　吏之為言理也，故吏也者，理之所出也。上為非而不敢諫，下為善
　　　　而不知勸，此吏無理也。〔註18〕

賈誼認為吏之職責在於「上以正君，下以教民」，所以從教化的觀點，賈誼認
為「有不能治民之吏，而無不可治之民。」（〈大政下〉）故「吏」必須「以民
為本」〈修政語下〉云：

　　　　敢問君子將入其職，則其民也何如？……請以上世之政詔於君王。
　　　　政曰，君子將入其職，則其於民也，旭旭然如日之始出也。……君
　　　　子既入其職，則其於民也，暵暵然如日之正中。……君子既去其職，
　　　　則其於民也，暗暗然如日之已入也。故君子將入，而旭旭者，義先
　　　　聞也。既入而暵暵者，民保其福也。既去而暗暗者，民失其教也。

賈誼認為吏以民為本，「將入其職，則其於民也，旭旭然如日之始出也。」「既
入其職，則其於民也，暵暵然如日之正中。」如此，民必不失其教，民不失
教，則國必安治。而「吏」即應「以民為本」，便必須「仁愛人民」、「富樂人
民」，〈大政上〉云：「故夫為人臣者，以富樂民為功，以貧苦民為罪。故君以
知賢為明，吏以愛民為忠。」〈無蓄〉篇中賈誼亦引《管子》之語：「倉廩實，
知禮節；衣食足，知榮辱。民非足也，而可治之者，自古及今，未之嘗聞。」
主張「吏」應該於「富民」下「教民」、「愛民」，賈誼這種「愛民」、「教民」
的說法，所秉持的正是儒家「富民養民」之「民本」思想。

────────────

〔註18〕賈誼認為「吏」之理在於「上為非敢諫」、「下為善知勸」，基本上與「臣道」
　　　　之「上以正君，下以化民，助君理民。」是相同的，所以臣與吏在一般責任
　　　　義務上是一樣的。

　　由賈誼「吏以民爲本」之主張中，我們了解賈誼對「吏」之看法，除了「上以正君」之外，亦必須「下以教民」，所以吏扮演著君、民之間政、教之溝通管道，故對國君與人民而言，吏之賢否皆與其有著切身關係，因此擇吏便成爲極重要的工作。而關於擇吏之事，賈誼認爲人民既是「瞑盲愚賤」的，故選吏當非一般人民所能，而必須由國君來擔任，所以從「吏賢民治」的角度看，民治與否將反映在國君擇吏賢否上，〈大政下〉：

> 故君功見於選吏，吏功見於治民。故勸之其上者，由其下而睹矣，此道之謂也。故治國家者，行道之謂，國家必寧，信道而不爲，國家必空，故政不可不愼也，而吏不可不選也。……
>
> 民之治亂在於吏，國之安危在於政，故是以明君之於政也愼之，於吏也選之，然後國興。

國君選吏時必須要能「知賢」，因爲有「明君」才能舉「賢吏」，有賢吏執政才能夠「仁愛人民」，因此國君「執事臨民」必須能夠以民爲本而「知賢選吏」，〈大政上〉云：

> 民之不善也，吏之罪也，吏之不善也，君之過也。

〈大政下〉云：

> 故君明而吏賢矣，吏賢而民治矣。故見其民而知其吏，見其吏而知其君矣。故君功見於選吏，吏功見於治民。故勸之其上者，由其下而睹矣，此道之謂也。……民之不善也，失之者吏也，故民之善者，吏之功也。故吏之不善也，失之者君也，故吏之善者，君之功也。是故君明而吏賢矣，吏賢而民治矣。故苟上好之，其下必化之，此道之政也。

而對於國君如何知賢，賈誼主張國君擇吏必須是「依民取吏」，參酌民意之取向爲憑依，而非從己之好惡，〈大政下〉云：

> 故夫民者雖愚也，明上選吏焉，必使民與焉。故士民譽之，則明上察之，見歸而舉之，故士民苦之，則明上察之，見非而去之。故王者取吏不妄，必使民唱，然後和之。故夫民者吏之程也，察吏於民，然後隨之。夫民至卑也，使之取吏焉，必取其愛焉。故十人愛之有歸，則十人之吏也。百人愛之有歸，則百人之吏也。千人愛之有歸，則千人之吏也。萬人愛之有歸，則萬人之吏也，故萬人之吏選卿相也。

而且是舉其「孝弟有行」者，〈大政下〉：

居官之道，不過於居家，故不肖者之於家也，不可以居官。夫道者
行之於父，則行之於君矣。行之於兄，則行之於長矣。行之於弟，
則行之於下矣。行之於身，則行之於友矣。行之於子，則行之於民
矣。行之於家，則行之於官矣。故士則未仕，而能以試矣。聖王選
舉也，以爲表也，問之然後知其言，謀焉然後知其極，任之以事然
後知其信，故古聖王君子，不素拒人，以此爲明察也。故士能言道
而弗能行者，謂之器；能行道而弗能言者，謂之用；能言之能行之
者，謂之實。故君子訊其器，任其用，乘其實，而治安興乎。

賈誼主張國君「依民取吏」並舉其「孝弟有行」者爲吏，一方面是希望能舉
「孝弟有行」者爲民之「師」以教化人民，一方面亦能依民考課從民所愛而
使民從教易治，故在「君明而吏賢，吏賢而民治」的政治下，國君擇吏時必
須要「知賢選吏」。

　　此外，在君、吏、民三者中，賈誼認爲雖然人民是爲國政之本，但是在
國君才是國家政治眞正的統治者下，爲了使國君「知賢愛民」，賈誼認爲國君
除了爲民「選賢與能」之外，對士民還必須遵守下列的規範與要求。

「仁信愼刑」，〈大政上〉：

夫一出而不反者，言也：一見而不可得揜者，行也。故夫言與行者，
知愚之表也，賢不肖之別也，是以智者愼言愼行，以爲身福，愚者
易言易行，以爲身災。誅賞之愼焉。故與其殺不辜也，寧失於有罪
也。故夫罪也者，疑則附之去已。夫功也者，疑則附之與已。則此
毋有無罪而見誅，毋有有功而無賞者矣。戒之哉！戒之哉！……是
以一罪疑則弗遂誅也，故不肖者得改也。故一功疑則弗倍也，故愚
民可勸也。是以上有仁譽，而下有治民也。疑罪從去仁也，疑功從
予信也。君子言必可行也，然後言之。行必可言也，然後行之。

〈修政語上〉：

帝嚳曰：「德莫高於博愛人，而政莫高於博利人，故政莫大於信，治
莫大於仁，吾愼此而已矣。」帝堯曰：「吾存心於先古，加志於窮民，
痛萬姓之罹罪，憂眾生之不遂也。故一民或飢，曰此我飢之也，一
民或寒，曰此我寒之也，一民有罪，曰此我陷之也。仁行而義立，
德博而化富，故不賞而民勸，不罰而民治。」

大禹曰：「民無食也，則我弗能使也，功成而弗利於民，我弗能勸

> 也。……故禹與士民同務，故不自言其信，而信諭矣，故治天下，
> 以信爲之也。」

「爲民表率」，〈大政上〉：

> 君能爲善，則吏必能爲善矣。吏能爲善，則民必能爲善矣。故民之
> 不善也，吏之罪也，吏之不善也，君之過也。嗚呼！戒之戒之。故
> 夫士民者，率之以道，然後士民道也。率之以義，然後士民義矣。
> 率之以忠，然後士民忠也。率之以信，然後士民信也。故爲人君者，
> 其出令也其如聲，士民學之其如響，曲折而從君其如景矣。嗚呼！
> 戒之哉戒之哉。君鄉善於此，則佚佚然，協民皆鄉善於彼矣。

「敬士愛民」，〈大政下〉：

> 故曰：『刑罰不可以慈民，簡泄不可以得士。』故欲以刑罰慈民，辟
> 其猶以鞭狎狗也，雖久弗親矣。故欲以簡泄得士，辟其猶孤忧鳥也，
> 雖久弗得矣。故夫士者弗敬則弗至。故夫民者，弗愛則弗附。故欲
> 求士必至，民必附，惟恭與敬，忠與信，古今毋易矣。故忠諸侯者，
> 無以易敬士也。忠君子者，無以易愛民也。

〈修政語下〉：

> 治國之道，上忠於主，而中敬其士，而下愛其民。故上忠其主者，
> 非以道義，則無以入忠也。而中敬其士，不以禮節，無以諭敬也。
> 下愛其民，非以忠信，則無以諭愛也。故忠信行於民，禮節諭於士，
> 道義入於上，則治國之道也。

賈誼對國君的這些規範和要求，完全是從儒家的民本觀點，要求國君必須是一個「積於仁」（〈修政語下〉）以「恭敬爲容」、「忠信爲教」、「仁義爲性」的賢智之君，〈大政上〉云：「恭敬者聖王之容也，忠信者聖王之教也。夫聖人也者，賢知之師也，仁義者明君之性也，故堯舜禹湯之治天下也，所謂明君也。」從賈誼對國君的這些規範中我們了解，賈誼之民本主張主要在於建立國君之民本觀念，因爲惟有「君明吏賢」時，才能實踐儒家「民本」政治。

由賈誼民本主張來看，賈誼在民爲君政之本和教民順上的前題下，將其「民本」思想的重點擴大至「吏以爲本」的範圍，目的是希望透過「吏」達到民化易治的政治目的，從賈誼「吏道」的主張中，承秦之「以吏爲師，以法爲教」（《史記·李斯列傳》）而來的是，賈誼認爲「吏」的功能並非只是奉行「律令」的「俗吏」或「酷吏」而已，賈誼所強調的是「吏」之擔任民治

教化的任務，因此爲了能使「吏賢民治」，他不但主張國君應建立起「仁信慎刑」、「敬士愛民」的民本觀念，並要求國君成爲一個「忠信仁義」的「仁君」。而以此「仁君」要求，我們發覺賈誼之政治思想，雖然主張絕對「尊君」，但是在對國君之種種「民本」規範下，賈誼希望經由建立國君之「忠信仁義」的民本觀念，塑造國君成爲一個「有德之君」，避免法家過度集權專制下國君暴虐的可能。

綜覈賈誼之政治思想，「勢」在賈誼政治思想中可以說有著極爲重要的地位，賈誼在其「因勢權變」的政治觀點下，不僅利用「勢」結合儒法思想，爲漢初「尊君集權」政治尋找到合理的儒家思想根據，也因「勢」來分析漢初諸侯王問題，提出「定地制」之「眾建諸侯」政策，另外在君道規範與太子教育問題上，賈誼同樣依「勢」建立其環境影響論之教育主張，故賈誼雖在政治思想上提出儒家「禮」作爲解決漢初政治問題的憑依，但由於賈誼「尊君集權」之政治立場，使得他所提出之政治思想對於現實政治問題，多經由「勢」而透露出濃厚的法家色彩，可以說賈誼利用「勢」把儒家思想「法家化」。〔註19〕至於賈誼之民本主張，賈誼在「民無不爲本」的基礎上，由「吏以民爲本」「君以民爲本」，進而對國君種種民本觀念之建立，賈誼最後是回至儒家「仁政」之理想政治上。由賈誼之政治思想來看，賈誼面對現實政治問題時，主張實行的是法家制度與主張。

〔註19〕 張純、王曉波《韓非思想的歷史研究》云：「賈誼雖是儒家，但是卻用勢把儒家思想「法家化」，而爲漢家保守屬於法家的制度。」參見氏著，第七章漢代陽儒陰法的形成和確立，同前註10，頁 280〜281。

第四章　社會思想

第一節　漢初的社會問題

　　漢初由於歷經戰亂，天下初定，百事衰頹，《史記‧平準書》云：「漢興，
接秦之弊，丈夫從軍旅，老弱轉糧饟，作業劇而財乏匱，自天子不能鈞駟，
而將相或乘牛車，齊民無藏蓋。」因此，政府為了安定社會秩序以復甦國家
之發展力，對於如何維持國家社會秩序的安定，亦為當時漢初政府所追求的
目標之一。而漢初為了振興民生與安定社會，採取黃老無為政策以循撫人民、
安定民心，《漢書‧高后記》云：

> 孝惠、高后之時，海內得離戰國之苦，君臣俱欲無為，故惠帝拱己，
> 高后女主政制，不出房闥。

《史記‧曹相國世家》亦云：

> （曹參）其治要用黃老術，故相齊九年，齊國安集，大稱賢相。

漢初，在政府黃老清靜無為政策之指導下，社會較安定已無秦王朝任法嚴刑
的暴戾，《漢書‧文帝紀》云：

> 是以海內殷富，興於禮義，斷獄數百，幾致刑措。

《漢書‧景帝紀》云：

> 漢興，掃除煩苛，與民休息，至於孝文，加之以恭儉，孝景遵業，
> 五六十載之間，至於移風易俗，黎民醇厚，周云成康，漢言文景，
> 美矣！

然而，漢初社會雖云「斷獄數百，幾致刑措。」「移風易俗，黎民醇厚。」（《漢

書‧景帝紀》）但實際上在政府一尚清靜無爲的政策下，漢初社會則因秦代遺風餘俗的影響與政府奉行黃老無爲思想之關係，存在著種種社會失序問題。

一、風俗敗壞，時尚奢靡

社會秩序的好壞是國家存在的標誌，也是社會良性運行的基礎，而社會運行的過程中，社會秩序的維持與穩定需靠風俗、時尚、道德、律法、教化等各方面的因素來加以連繫。〔註1〕以漢初社會風俗而言，漢初社會風俗狀況，賈誼於《新書‧時變》中云：「曩之爲秦者，今轉而爲漢矣。」漢初社會在漢承秦俗之情形下，社會風俗基本上是一仍秦舊，並無多大的改變。

漢俗即承秦風而來，那麼秦代風俗文化狀況如何呢？秦國地處中原西垂，因受中原宗法封建之禮義文化影響較弱，故其價值觀與東方六國之尚文化、重道德不同，具有著濃厚之非道德、講實用、重功利之色彩，〔註2〕《史記‧秦本紀》中載由余入秦，秦穆公問由余曰：「『中國以詩書禮樂法度爲政，然尚時亂，今戎夷無此何以爲治，不亦難乎。』由余笑曰：『此乃中國所以亂也，夫自上聖黃帝作爲禮樂法度，身以先之，僅以小治，及其後世日以驕淫，阻法度之威，以督責於下，下罷極則以仁義怨望於上，上下交爭怨而相篡弒，至於滅宗，皆以此類也。夫戎夷不然，上含淳德以遇其下，下懷忠信以事其上，一國之政猶一身之治，不知所以治，此眞聖人之治也。』」由余非難黃帝，崇尚戎夷，視詩書禮樂爲亂政，穆公乃「爲由余請以疏其問留而莫遣，以失其期。」計留由余而用之，則秦文化之根基所在由此可知。而秦文化之重功利與實用性之價值觀，反映在政治上，是秦國政治上所師用之人，均爲講霸道或對稱霸有用之人，且須以服務於秦文化本身之價值觀爲其前題，〔註3〕《史

〔註1〕 社會運行與發展是否和諧，必須依賴社會秩序的正常和安定，而國家社會秩序之是否正常安定，則必須依靠風俗、時尚、道德、律法、教育等因素來維繫。參見葉至誠《社會學》第四章個人與社會〈社會的組成要素〉，臺北，揚智文化，1997年，頁144～154。

〔註2〕 錢穆《國史大綱》云：「秦、楚則自始即以蠻夷見外於諸夏。」「秦、楚則以受封建傳統文化之薰陶更淺。」見上冊，第二編、第五章軍國鬥爭之新局面，台，台灣商務，1995年頁74～75。

〔註3〕 參見劉文瑞〈征服與反抗──略論秦王朝的區域文化衝突〉，頁51。而秦文化這種功利性，使得秦國對於東土文化，如錢穆《秦漢史》云：「秦人於東土文化，始終未能近受，特借以爲吞噬搏攫之用，……要之秦人之視東土之文教及學者，僅等於一種工具。」第一章第二節文化之西漸，臺北，東大出版，1992年，頁11。

記・商君列傳》便載商鞅入秦，初商鞅「說君以帝王之道，比三代，而君曰久遠吾不能待。」不爲穆公所喜，後商鞅「以彊國之術說君，君大說之耳。」之後秦國雖接受商鞅變法之議，成功的使秦國任法富強，但是法家急功近利之精神，卻也使得秦國風俗更加敗壞，賈誼於〈時變〉篇中批評秦俗云：

> 商君違禮義，弃倫理，并心進取，行之二歲，秦俗日敗。秦人有子，
> 家富子壯則出分，家貧子壯則出贅。假父耰鉬杖慧耳，慮有得色矣。
> 母取瓢碗箕帚慮立訊語，抱哺其子與公并踞，婦姑不相說，則反脣
> 而睨。其子嗜利，而輕簡父母也，念罪非有倫理也，其不同禽獸僅
> 焉耳，然猶并心而赴時者，曰功成而敗義耳。

賈誼認爲秦國在商鞅倡議變法之下，使得秦俗尤爲嗜利輕義，乃至無有父子夫婦人倫之情，可以說「其不同禽獸僅焉耳」，因此秦國雖以任法嚴刑至國富兵強而統一天下，但是一味并心進取不顧風俗禮教的結果，卻是「功成而敗義耳」。而秦文化之嗜利輕義的價值取向，在秦始皇統一天下後，由於秦始皇仍尙法嚴刑，不顧仁義禮教，「其道不易，其政不改」（〈過秦中〉）這使得秦朝在政治和社會秩序上更呈現上下大亂的情形，故賈誼於〈時變〉言：「秦國失理，天下大敗，眾掩寡，知欺愚，勇劫懼，壯凌衰，攻擊奪者爲賢，貴人善突，盜者爲忻。諸侯設悩而相飾，設輓而爲紹者爲知，天下亂至矣。」秦在滅亡前夕所呈現的這種社會失序現象，可謂社會價值與規範完全蕩然無存。

　　入漢之後，秦文化嗜利輕義之遺風餘俗，基本上亦爲漢所承襲並未有所改變，賈誼於〈時變〉云：

> 曩之爲秦者，今轉而爲漢矣。今者何如，進取之時去矣，并兼之勢
> 過以矣，胡以孝弟循順爲，善書而爲吏耳，胡以行義禮節爲，家富
> 而出官耳。驕恥偏而爲祭尊，黥劓者攘臂而爲政，行惟狗彘也，苟
> 家富財足，隱机旴視，而爲天子耳。

賈誼謂「曩之爲秦者，今轉而爲漢矣」，漢初社會在秦代遺風餘俗的影響下，雖然「進取之時去矣，并兼之勢過以矣。」但是人民仍是「胡以孝弟循順爲，善書而爲吏耳，胡以行義禮節爲，家富而出官耳。」無有禮義倫理之道德觀念，不僅如此，在政府崇尙無爲無所提倡的黃老思想影響下，漢初風俗之敗壞更甚於秦時，〈時變〉云：

> 錢財多也，衣服循也，車馬嚴也，走良犬也，矯誣而家美，盜賊而
> 財多，何傷。欲交，吾擇貴寵者而交之。欲勢，擇吏權者而使之。

> 取婦嫁子，非有權勢，吾不與婚姻。非貴有成，不與兄弟。非富大
> 家，不與出入。因何也？今俗侈靡，以出相驕，出倫踰等，以富過
> 其事相競。今世貴空爵，而賤良俗，靡而尊姦，富民不爲姦，而貧
> 爲里罵，廉吏釋官，而歸爲邑笑。居官敢行姦，而富爲賢，吏家處
> 者，犯法爲利爲材士。故兄勸其弟，父勸其子，則俗之邪至於此矣。

〈俗激〉云：

> 今其甚者，剄大父矣，賊大母矣，踝嫗矣，刺兄矣。盜者慮探柱下之
> 金，掇戶之廉，攓兩廟之器，白晝大都之中，剽吏而奪之金。矯僞者
> 出幾拾萬石粟，賦六百餘萬錢，乘傳而行諸侯，此無行義之尤至者已。
> 其餘猖蹶而趨之者，乃豕羊驅而往，是類管子謂四維不張者與。

賈誼言「欲交，吾擇貴寵者而交之。欲勢，擇吏權者而使之。取婦嫁子，非有
權勢，吾不與婚姻。」漢初社會風俗可以說普遍瀰漫著尊富賤貧與求富逐利的
現象，所謂「世貴空爵，而賤良俗，靡而尊姦，富民不爲姦，而貧爲里罵。廉
吏釋官，而歸爲邑笑。居官敢行姦，而富爲賢。」甚者「剄大父矣，賊大母矣，
踝嫗矣，刺兄矣。」「盜者慮探柱下之金，掇戶之廉。」「白晝大都之中，剽吏
而奪之金。」人民罔顧人倫道德，無有禮、義、廉、醜之心，故賈誼云「吏家
處者，犯法爲利爲材士。故兄勸其弟，父勸其子，則俗之邪至於此矣。」漢初
社會這種嗜利輕義之價值觀與秦俗相較，其風俗道德之敗壞可說是更甚於秦時。

　　漢初社會風俗在政府的無爲政策下，風俗情況是尊富賤貧、嗜利輕義，
而社會時尚又如何呢？漢初由於政府經濟政策上的放任與開放，商業勃興造
成人民趨末與奢靡的社會風氣。漢初國家初立，由於新經戰火之餘，民不聊
生，《漢書・食貨志上》云：「民失作業，而大饑饉，凡米五千石，人相食，
死者過半。」《史記・平準書》云：「丈夫從軍旅，老弱轉糧饟，作業劇而財
乏匱。」因此，政府立國之初即實施了一連串的安民措施，並在重農政策下
「約法省禁」實施開放政策以利民生，《史記・貨殖列傳》云：「漢興，海內
爲一，開關梁，馳山澤之禁。是以富商大賈周流天下，交通之物，莫不流通，
得其所欲。」而政府開放便民的結果，確實使社會經濟收到了起敗補蔽的效
果，而且隨著政府的開放與放任政策，經濟復甦發展，商業因此勃興，商賈
們亦趁政府開放便民之際，周流天下，積貨逐利，《漢書・食貨志上》云：

> 商賈大者積貯倍息，小者坐列販賣，操其奇贏，日游都市，乘上之
> 急，所賣必倍。男不耕耘，女不蠶織，衣必文采，食必粱肉，亡農

夫之苦，有仟伯之得。因其富厚交通王侯，力過吏勢，以利相傾。

千里游敖，冠蓋相望，乘堅策肥，履絲曳縞。此商人所以兼并農人，

農人所以流亡者也。

由於經商比農作易於生存和致富，而且商賈們「以末致財，用本守之」(《史記・貨殖列傳》) 剝削農人，兼并土地，因而造成了社會嚴重的趨末風氣與貧富對立問題，而漢初政府雖在重農經濟政策下實行抑商政策，《史記・平準書》云：「天下已平，高祖乃令賈人不得衣絲乘車，重租稅以困辱之。」並令賈人不得「操兵，乘騎馬。」(《漢書・高帝紀》) 其「子孫亦不得仕宦爲吏」(《史記・平準書》)，但政府這種抑商措施之效果是不彰的，而且孝惠、呂后時，國家在亟待商業發展，以振興經濟和解決財政困難的情形下，政府又「復弛商賈之律」(《史記・平準書》)，並頒布「買爵贖罪制」與「買復制」，《漢書・惠帝紀》：「(元年) 民有罪，得買爵三十級，以免死罪。」「(六年) 令民得賣爵，女子年十五以上，至三十不嫁，五算。」政府對商業和商賈的這種放任開放態度，無形中更使得社會上的富商大賈成爲特權階級，商賈們祇要用錢買爵若干級，就可以免除死刑，或終身免除傜役，如此更造成了社會嚴重的貧富對立。

漢初在政府的開放政策下，商業興盛，商人掘起，商賈們通有運無，囤積居奇，操其奇贏，以末致富，如《史記・平準書》云：「富商大賈，或蹛財役貧，轉轂百數，廢居居邑，封君皆氐首仰給。」商賈們因多收入富厚在生活上多奢侈浪費，「衣必文采，食必粱肉。」「乘堅策肥，履絲曳縞。」(《漢書・食貨志上》) 甚至奢靡無度，踰越禮制，〈孽產子〉云：

今富人大賈，召客者得以披牆，古者以天下奉一帝一后而節適，今富人大賈，屋壁得爲帝服，賈婦倡優下賤，產子得爲后飾，然天下不屈者，殆未有也。且帝之身，自衣皁綈，而靡賈侈貴，牆得被繡，后以緣其領，孽妾以緣履，此臣所謂舛也。

〈瑰瑋〉云：

今雖刑餘、鬻妾、下賤，衣服得過諸侯擬天子，是使天下公得冒主。

賈誼認爲富人商賈在生活上奢侈越制，「衣服得過諸侯擬天子」，是舛逆倫理破壞社會之等級制度，他於〈時變〉便批評云：「行惟狗彘也，苟家富財足，隱机阡視，而爲天子耳。」並言：「今俗侈靡，以出相驕，出倫踰等，以富過其事相競。」

漢初商賈這種奢侈越制的行爲，不僅造成了社會相競奢靡之風，另方面，

由於商賈逐什一之利，「男不耕耘，女不蠶織，衣必文采，食必粱肉，亡農夫之苦，有仟伯之得。」（《漢書‧食貨志上》）在求富逐利乃人之天性之下，亦多造成人們轉而趨末逐利，〔註4〕多生產雕鏤纖巧無用之物，形成社會奢靡浮華之風氣。賈誼於〈瑰瑋〉篇批評漢初這種趨末情形，云：

> 夫雕文刻鏤，周用之物繁多，纖微苦窳之器，日變而起。民棄完堅，
> 而務雕鏤纖巧，以相競高。作之宜一日，今十日不能輕成，用一歲，
> 今半歲而弊。作之費日，挾巧用之易弊，不耕而多食農人之食，是
> 以天下之所以困貧而不足也。故以末予民，民大貧，以本予民，民
> 大富。黼黻文繡纂組害女工，且夫百人作之，不能衣一人，方且萬
> 里不能輕具，天下之力，勢安得不寒。

〈孽產子〉亦云：

> 夫百人作之，不能衣一人，欲天下之無寒，胡可得也。一人耕之，
> 十人聚而食之，欲天下之無飢，胡可得也。飢寒切於民之肌膚，欲
> 其無為姦邪盜賊，不可得也。

賈誼言「以末予民，民大貧，以本予民，民大富。黼黻文繡，纂組害女工。」他認為工商末作之興盛，促使了人民生產無用之物，「作之費日，挾巧用之易弊。」而且造成社會「纖微苦窳之器，日變而起，民棄完堅，而務雕鏤纖巧，以相競高。」形成社會奢靡浮華之風，因此在這種工商末作興盛，而人們又多趨末逐利追求奢靡浮華之風氣下，欲使人民「無為姦邪盜賊，不可得也。」

賈誼於〈無蓄〉言：

> 今背本而以末食者甚眾，是天下之大殘也。從生之害者甚盛，是天
> 下之大賊也。汰流淫佚，侈靡之俗日以長，是天下之大祟也。殘賊
> 公行，莫之或止，大命泛敗，莫之振救，生之者甚少，而靡之者甚
> 眾，天下之勢，何以不危。

賈誼以「大殘」「大賊」「大祟」，批評漢初因商業興盛造成人們逐末趨利與時尚奢靡之社會現象，他認為商賈在生活上追求奢靡浮華，使得社會「汰流淫佚，侈靡之俗日以長。」敗壞風俗破壞國家安定，〔註5〕因而他在經濟思想上提出

〔註4〕　如《漢書‧貨殖傳》載：「魯人俗儉嗇，而丙氏尤甚，以鐵冶起，富至鉅萬，
　　　　然家自父兄子弟約，類有拾，印有取，貰貸行賈偏郡國，鄒魯以其故，多去
　　　　文學而趨利。」

〔註5〕　班固於《漢書‧貨殖傳》亦言：「郡國富民兼業顓利，以貨賂自行，取重於鄉
　　　　里者，不可勝數，……運其籌策，上爭王者之利，下錮齊民之業，皆陷不軌

「抑商戒奢」之主張。由此可知，漢初社會在政府的放任政策下，由於商業勃盛和商賈之奢靡無制，使得社會風氣瀰漫著趨末逐利和奢靡浮華之現象。

二、法嚴刑酷，教化縱弛

　　面對漢初社會之風俗與時尚之情形，賈誼於〈俗激〉篇云：「夫邪俗日長，民相然，習於無廉醜，行義非循也。」「今世以侈靡相競，而上無制，度棄禮義捐廉醜日甚，可謂月異而歲不同矣。」漢初民俗澆薄，而政府在律法方面和對於民間禮教庠序之事的實際態度如何呢？漢初律法基本上與秦法一樣「法嚴刑酷」。關於漢初律法，《漢書・刑法志》言：

> 漢興，高祖初入關，約法三章曰：「殺人者死，傷人及盜者抵罪。」
> 削煩苛，躬操文墨，兆民大說。其後四夷未附，兵革未息，三章之
> 法不足以禦姦，於是相國蕭何攗摭秦法，取其宜於時者，作律九章。

漢初高祖時由於律法疏闊，故蕭何在秦法的基礎上依之以定漢律，然《漢書・刑法志》又言：「然其大辟，尚有夷三族之令。」故惠帝時即「省法令妨吏民者，除挾書律。」（《漢書・惠帝紀》）並於高后元年時，除三族罪、妖言令，孝文十三年時，亦除收律、肉刑法、相坐法，〔註6〕而漢初社會在政府「禁罔疏闊」的作風下，《漢書・景帝紀》云：

> 周秦之敝，罔密文峻，而姦軌不勝。漢興，掃除煩苛，與民休息。

《漢書・刑法志》亦云：

> 及孝文即位，恭修玄默，……懲惡亡秦之政，論議務在寬厚，……
> 吏安其官，民樂其業，蓄積歲增，戶口寖息，風流篤厚……是以刑
> 罰大省，至於斷獄數百，有刑錯之風。

漢初雖言「懲惡亡秦之政，論議務在寬厚」，「是以刑罰大省，至於斷獄數百」，但事實上《漢書・刑法志》中便云：

> （文帝時）丞相張蒼、御史大夫馮敬奏言：「肉刑所以禁姦，所由來
> 久矣。陛下明詔，憐萬民之一有過刑者終身不息，及罪人欲改行為
> 而道亡繇至，……議請定律曰：諸當完者，完為城旦舂。當黥者，
> 髡鉗為城旦舂。當劓者，笞三百。當斬左止者，笞五百。當斬右止，

> 奢僭之惡，又況掘冢搏掩，犯姦成富，……猶復齒列，傷化敗俗，大亂之道
> 也。」班固亦認為商賈以兼業顯利，貨賂自行，而取重於鄉里，多誘使人們
> 犯姦，是「傷化敗俗，大亂之道。」
>
> 〔註6〕　參見《漢書》〈刑法志〉卷二十三，〈高后紀〉卷三，〈文帝紀〉卷四。

> 及殺人者先自告，及吏坐賕枉法，守縣官財物而即盜之，已論命復
> 有笞罪者，皆棄市。……」是後，外有輕刑之名，內實殺人，斬右
> 止者又當死，斬左止者笞五百，當劓者笞三百，率多死。……（景
> 帝時改笞為箠）自是笞者得全，然酷吏猶以為威，死刑既重，而生
> 刑又輕，民易犯之。

由〈刑法志〉之言來看，漢初律法在政府仍因循秦法的情形下，漢法實際上
仍與秦法一樣「法嚴刑酷」，所以漢初政府所謂「幾致刑措」「刑罰罕用」，其
實是因「法嚴刑酷」使「人人自愛而重犯法」。由於文帝時笞刑頗重，受笞刑
者多死，故王夫之於《讀通鑑論》即批評云：

> 抑使教養之道盡，禮樂復興，一如帝王之世，而肉刑猶未可復也。……
> 且也，古未有笞杖，而肉刑不見重，今既行笞杖，而肉形駭矣。故
> 以曹操之忍，而不敢嘗試，況不為操者乎！張蒼之律曰：『大辟論減
> 等，已論復又笞罪，皆棄市。』嚴矣。（卷二〈文帝〉）

王夫之認為施行笞杖肉刑，以曹操之忍尚不敢嘗試，而漢初張蒼之律曰：「大辟
論減等，已論復又笞罪，皆棄市。」漢初律法之嚴酷由此可見。由於漢初政府
仍是依秦時法家「以刑去刑」之主張以肉刑禁姦，故漢初政府這種「法嚴刑酷」
的作法，則使得人民為避刑法，多尚巧詐而少廉恥，賈誼於〈瑰瑋〉即言：

> 飾知巧以相詐力者為知士，敢犯法禁昧大姦者為識理，故邪人務而
> 日起，姦詐繁而不可止，罪人積下眾多而無時已。

對此王夫之於《讀通鑑論》亦批評云：

> 漢有殺人自告而得減免之律，其將導人以無欺也與。……夫既已殺
> 人矣，則所殺者之父兄子弟能訟之，所司能捕獲之，其惡必露，勢
> 不可得而終匿也，而惡用自告為，小人為惡而掩蔽於君子之前，與
> 昌言於大廷而無怍報也，孰為猶有恥乎？自度律許減免而覬覦漏網
> 者，則明張其殺人之膽，而惡乃滔天，匿而不告者鼠也，告而無諱
> 者虎也，教鼠為虎，欲使天下無欺，而成其無忌憚之心，將何以懲？

王夫之言漢初在政府法嚴刑酷之下，反而使人民巧智飾姦而少廉恥。而對於
漢初政府這種「以刑去刑」的主張，賈誼則於〈連語〉中提出告戒云：

> 臣誼竊觀之，牆薄咫亟壞，繒薄咫亟裂，器薄咫亟毀，酒薄咫亟酸，
> 夫薄而可以曠日持久者，殆未有也，故有國蓄者民施政教者，臣竊
> 以為厚之而可耳。

賈誼於〈連語〉中提出寬厚治民之道，是希望政府能愼刑法「獄疑則從去，賞疑則從予。」（〈連語〉）以仁義寬厚作爲治國理民之道。由此可知，漢初政府「法嚴刑酷」其對社會人心所造成之負面影響，實爲深遠。

至於漢初庠序禮教情形，《漢書・儒林列傳》載，高祖時雖「喟然興於學，然尚有干戈，平定海內，亦未皇庠序之事也。」而孝惠、呂后時政府雖除挾書之律，然《漢書・高后記》云：「孝惠、高后之時，海內得離戰國之苦，君臣俱欲無爲。」加上將相皆武力功臣，少文多質，或好黃老之術，如陳平、曹參先後爲惠帝、呂后時丞相，《史記・陳丞相世家》云：「陳丞相平少時，本好黃帝老子之術。」《史記・曹相國世家》云：「其治要用黃老術，故相齊九年，齊國安集，大稱賢相。」孝惠呂后時，因君臣皆好黃老清靜無爲之治，亦不重庠序教化之事。至文帝時，《史記・禮書》言：「孝文好道家之學」，《漢書・刑法志》言：「（文帝）議論務在寬厚，恥言人之過失，化行天下，告奸之俗易。」文帝因好黃老道家之學，由於躬默無爲，民俗亦不過「告奸之俗易」而已，故應劭於《風俗通義・正失》批評云：

> 然文帝本修黃老之言，不甚好儒術，其治尚清靜無爲，以故禮樂庠序未修，民俗未能大化，苟溫飽完結，所謂治安之國也。

賈誼於〈俗激〉亦云：

> 大臣之俗，特以牘書，不報小期，會不答耳，以爲大故不可矣。天下之大，指擧之而激俗流失，世壞敗矣。

由此而言，漢初君臣在懲惡亡秦之政，而提倡黃老無爲之治與順民休息的前題下，漢初國家禮教庠序之事亦因此殆而不興。

由上述漢初律法與庠序教化之情形來看，漢初社會之律法與教育情況是，法嚴刑酷、教化不行，風未移，俗未易，故在禮樂不興、刑罰不中的情形下，人民無所措手足，多飾知相詐少廉恥，即賈誼〈瑰瑋〉所云：「邪人務而日起，姦詐繁而不可止，罪人積下眾多而無時已。」之社會現象。

第二節　賈誼的社會主張

一、以禮「定經制」

漢初由於社會風氣求富逐利時尚奢靡，教化方面禮教庠序不興又法嚴刑酷，社會價值規範可以說扭曲疏離，使得社會道德日益敗壞，社會秩序與規

範猶待建立和提倡。然而就風俗之移易而言，秦時對於社會風俗之整統工作，既已非常重視，秦始皇之統一天下，除了「車同軌」、「書同文」之外，也希望造就出「行同倫」共同良風美俗，其在巡行刻石中，便多次表達了他對風俗整統的重視，如《史記・秦始皇本紀》載會稽刻石云：

> 飾省宣義，有子而嫁，倍死不貞。防隔內外，禁行淫佚，男女絜誠，夫爲寄豭，殺之無罪，男秉義程。妻爲逃嫁，子不得母，咸化廉清。
> 大治濯俗，天下承風，蒙被休經。

又瑯琊刻石言：

> 以明人事，合同父子。經智仁義，顯白道理。……匡飾異俗，陵水經地。……尊卑貴賤，不踰次行。奸邪不容，皆務貞良。

之罘刻石的：

> 黔首改化，遠邇同度。

這些在在表示秦始皇爲確立社會與政治秩序，整統風俗和化民正俗的願望，然而秦王朝所樹立法令之絕對性權威，卻使得秦王朝所重者惟在「以法爲教」，以法令和刑罰之強制性來整統各方風俗，而非以禮義教化的方式來成就風俗，遂使得法令與風俗之間，因多所衝突而產生敵對狀態，﹝註7﹞加上秦始皇崇尚法家急功近利之精神，亦使得他對於儒家王道之禮義教化主張，根本是輕視而無法接受，甚至與之背道而馳。﹝註8﹞因此，秦之敗亡亦可說是由其文化之價值取向與行爲準則所造成，這也正是賈誼於〈時變〉謂：「厥六國兼天下求得矣，然不知反廉恥之節，仁義之厚，信并兼之法，遂進取之業，凡十三歲而社稷爲虛。」言秦未能以儒家仁義禮教治國安民，導致國家敗亡之原因。

基於秦任法而亡之歷史教訓與經驗，面對漢初種種社會失序現象，賈誼之看法如何呢？他又提出了什麼樣的主張呢？對於漢初種種社會失序現象，賈誼認爲主要是「上無制度」所造成的，他在〈俗激〉云：

> 今世以侈靡相競，而上無制度，棄禮義捐廉醜日甚，可謂月異而歲不同矣。逐利乎否，慮非顧行也。

〈瑰瑋〉云：

﹝註7﹞ 參見任繼愈《中國哲學發展史》（秦漢）〈秦王朝對封建統治思想的探索〉，北京，人民出版社，1985年，頁84～90。

﹝註8﹞ 此點亦可由秦時淳于越與李斯因辯封建之得失，後秦始皇採李斯之議行「焚書」之令中看出，秦始皇之政治統治理念是反對封建文化與封建舊規的。

> 世以俗侈相耀，人慕其所不如，悵迫於俗，願其所未至，以相競高，
> 而上非有制度也。

賈誼認爲漢初社會種種敗壞現象，主要是由於「上無制度」造成社會「棄禮義捐廉醜日甚」，使人民「四維不張」所致，故爲了改善這些社會失序現象，賈誼於〈俗激〉篇中提出了他的看法：

> 夫邪俗日長，民相然，習於無廉醜，行義非循也，豈爲人子背其父，
> 爲人臣因忠於其君哉，豈爲弟欺其兄，爲人下因信其上哉。陛下雖
> 有權柄事業，將何以寄之，管子曰：「四維，一曰禮，二曰義，三曰
> 廉，四曰醜。四維不張，國迺滅亡。」使管子愚無識人也，則可使
> 管子而少知治體，則是豈不可爲寒心。……夫移風易俗，使天下移
> 心而嚮道，類非俗吏之所能爲也。陛下又不自憂，竊爲陛下惜之，
> 夫立君臣，等上下，使父子有禮，六親有紀，此非天所爲，人之所
> 設也，夫人之所設，弗爲不立，不植則彊，不循則壞。秦滅四維不
> 張，故君臣乖而相攘，上下亂僭而無差，父子六親，殃僇而失其宜，
> 姦人並起，萬民離畔，凡十三歲，而社稷爲墟。今四維猶未備也，
> 故姦人冀幸，而眾下疑惑矣。豈如今定經制，令主主臣臣，上下有
> 差，父子六親，各得其宜，姦人無所冀幸，群眾信上，而不疑惑哉，
> 此業一定世世常安，而後也所持循矣。若夫經制不定，是猶度江無
> 維楫，中流而遇風波也，船必覆矣。

賈誼認爲漢初社會「邪俗日長」，人民「習於無廉醜」之原因，主要爲政府四維教化未備，使「姦人冀幸，而眾下疑惑」所至，故爲了避免重蹈秦四維不張，導致「君臣乖而相攘，上下亂僭而無差，父子六親，殃僇而失其宜，姦人並起，萬民離畔。」之敗亡覆轍，賈誼主張政府必須提出一個完整的價值規範，使社會能有所遵循憑依進而以移風易俗。賈誼並認爲風俗之移易是「弗爲不立，不植則彊，不循則壞。」「非天所爲」而爲「人之所設」，移風易俗包含政治、教化、人倫等等各個層面，非務在筐篋之俗吏所能爲，〈俗激〉云：「刀筆之吏，務在筐篋，而不知大體。」因此，對於如何「移風易俗，使天下移心嚮道」（〈俗激〉）的問題，賈誼主張必須由政府「定經制」來規範人們所有文化領域之共同行爲準則，從而建立起社會禮、義、廉、恥之價值標準。

　　而賈誼所謂「定經制」之內容爲何呢？賈誼的「定經制」，主張以儒家「禮」思想作爲「經制」之內容，他希望透過以儒家禮制，對於漢初因制度疏闊所

產生之風俗、人倫、律法、教化等各層面之社會問題，在以「禮」作爲一切價值與規範之常法準則下，建立起社會之秩序與價值規範。〔註9〕

　　賈誼提出以「禮」制來重建漢初社會秩序，主要是自其政治思想所衍伸而來。漢初國家初立時即有嚴重的蕃國勢強之政治問題，漢初高祖統一天下後，因「群臣飲爭功，醉或妄呼，拔劍擊柱，上患之。」(《漢書·酈陸朱劉叔孫傳》)故高祖乃命叔孫通制禮儀，以明君臣交接之道，正上下之位，而叔孫通制禮儀大抵襲秦「尊君抑臣」之故，然而卻未盡備而終。〔註10〕漢初政府禮制儀法未爲盡備，至文帝時，《史記·禮書》云：「孝文即位，有司議欲定儀禮，孝文好道家之學，以爲繁禮飾貌，無益於治，躬化謂何耳，故罷去之。」文帝因尚黃老道家清靜無爲思想，亦以爲「繁禮飾貌，無益於治」，仍不欲有所任何之興革提倡，這使得中央天子與蕃臣諸侯之間的關係，則因禮制儀法未爲盡備，而君臣之位如同虛設，僭越犯上之事常有，《漢書·荊燕吳傳》即載：

　　（文帝時）吳太子入見，得侍皇太子飲博。吳太子師傅皆楚人，輕悍，又素驕。博爭道，不恭，皇太子引博局提吳太子，殺之。……吳王濞由是怨望，稍失蕃臣之禮，稱疾不朝，……於是上賜几杖，老，不朝。……如是者三十餘年。

又《漢書·淮南衡山濟北王傳》云：

　　（淮南厲王長）及孝文初即位，自以爲最親，驕蹇，數不奉法，……從上苑獵，與上同輦，常謂上『大兄』，……當是時，自薄太后及太子諸大臣，皆憚厲王，厲王以此歸國益恣，不用漢法，出入警蹕，稱制，自作法令，數上書，不遜順。

由於漢初禮制儀法未爲盡備和諸侯王的僭越不遜，使得漢初政治制度上下無序，君臣交接之道不彰，而賈誼認爲造成「君臣相冒，上下無辨」(〈瑰瑋〉)的原因，即因政府禮制儀法未備「生於無制度」(〈瑰瑋〉)之緣故。因此，賈誼認爲重建社會秩序，尤其須先整飭政治秩序，故對於漢初君臣之道不彰的問題，他主張於「禮」之「尊君卑臣」的思想下，臣下應在舉止行爲上應盡其「尊君」之義，所以他於政治上提出「尊君卑臣」思想，欲以「禮」建立起上下分明之政治秩序，並於〈階級〉篇中表言：「天子如堂，群臣如陛，眾

〔註9〕 此亦《漢書·禮樂志》所載，賈誼建言文帝云：「漢興，至今二十餘年，宜定制度，興禮樂，然後諸侯軌道，百姓素樸，獄頌衰息。」之緣由。

〔註10〕 參見《史記·禮書》卷二十三，《漢書·禮樂志》卷二十二。

庶如地，此其辟也。故堂之上，廉遠地則堂高，近地則堂卑。高者難攀，卑者易陵，理勢然也。」賈誼即認爲在「禮」之「尊君卑臣」的制度儀法規範下，應建立起君臣之間的尊卑分際，確保上下秩序之維持，〈禮〉云：

> 尋常之室，無奧剗之位，則父子不別。六尺之輿，無左右之義，則君臣不明。六尺之輿，處無禮即上下踰逆，父子悖亂，而況其大者乎。……主主臣臣，禮之正也。威德在君，禮之分也。尊卑大小，強弱有位，禮之數也。禮，天子愛天下，諸侯愛境內，大夫愛官屬，士庶各愛其家，失愛不仁，過愛不義，故禮者所以守尊卑之經，彊弱之稱也。禮，天子適諸侯之宮，諸侯不敢自阼階，阼階者，主人之階也，天子適諸侯，諸侯不敢有宮，不敢爲主人禮也。

從「禮」之社會功能來看，賈誼對於構成社會結構中君、臣、民三者之間的規範問題，主張於「禮」之「尊卑」意義下，君臣之間應尊卑、貴賤、大小、強弱有所分際，所謂「禮者所以守尊卑之經，彊弱之稱也。禮，天子適諸侯之宮，諸侯不敢自阼階，阼階者，主人之階也，天子適諸侯，諸侯不敢有宮，不敢爲主人禮也。」而人民則必須順從臣吏之教導，〔註11〕即以「禮」之「尊卑」意義來確定社會結構中，君、臣、民三者間「上尊下卑」之社會秩序與規範。〔註12〕

　　然而，在賈誼之政治思想中，賈誼雖主張依「禮」之「君尊臣卑」意義建立起「尊卑」之規範，但他對於構成社會與政治中君、臣、民三者之關係，則從現實意義上來考量，主張現實中三者之關係並非絕對之從屬關係而應是相對的，所以在相對之現實關係下，國君禮遇大臣「刑不至君子」，和以民爲本「仁信愛民」的作法是必要的。〈階級〉篇中賈誼說明了他理想中之君臣關係，云：

> 豫讓事中行之君，智伯伐中行滅之，豫讓移事智伯，及趙滅智伯，豫讓疊面變容，吸炭變聲，必報襄子，五起而弗中，襄子一夕而五易臥。人問豫讓，讓曰：『中行眾人蓄我，我故眾人事之，智伯國士遇我，故爲之國士用。』故此一豫讓也。反君事讎，行若狗彘，已而折節，致忠行，出乎烈士，人主使然也。故人主遇其大臣，如遇

〔註11〕參見第二章、第二節賈誼之政治主張，〈五、民本思想〉。
〔註12〕林聰舜認爲賈誼此種主張是「將禮導向以極端尊君爲核心的倫理道德體係」，見氏著《西漢前期思想與法家的關係》第三章賈誼思想中的儒法結合特色，臺北，大安出版社，1991年，頁79。

－73－

> 犬馬，彼將犬馬自爲也，如遇官徒，彼將官徒自爲也。廉恥不立，
> 則且不自好，則苟若而可。見利則趨，見便則奪，主上有敗，困而
> 擊之矣，主上有患，則吾苟免而已，……
> 立而觀之耳，有便吾身者，則欺賣而利之耳，人主將何便於此。群
> 下至眾而主至少也，所託財器職業者，率於群下也，但無恥但苟安
> 則主最病，故古者禮不及庶人，刑不至君子，所以屬寵臣之節也。

賈誼於〈階級〉篇中舉豫讓爲例，說明現實中之君臣關係是「人主遇其大臣，
如遇犬馬，彼將犬馬自爲也，如遇官徒，彼將官徒自爲也。」故國君若欲「臣
事君以忠」則必須「君待臣以禮」。而且國君能禮待臣下，不僅能顯現國君的
仁愛，一方面亦可以因此而「屬寵臣之節」，使大臣生廉恥之心能臨事便主，
避免臣下「見利則趨，見便則奪。主上有敗，困而擊之矣。主上有患，則吾
苟免而已。」的「廉恥不立」的無義行爲。因此，在君臣相對之現實意義上，
國君欲下事上以忠敬，亦必須能「設廉恥禮義以遇其臣」，所謂「化成俗定，
則爲人臣者，主醜亡身，國醜忘家，公醜忘私，利不苟就，害不苟去，唯義
所在，主上之化也。」(〈階級〉) 另外，賈誼對於君民之間的關係，他亦於〈大
政上〉云：

> 夫一出而不反者，言也；一見而不可得揜者，行也。故夫言與行者，
> 知愚之表也，賢不肖之別也，是以智者慎言慎行，以爲身福，愚者
> 易言易行，以爲身災。誅賞之慎焉。故與其殺不辜也，寧失於有罪
> 也。故夫罪也者，疑則附之去已。夫功也者，疑則附之與已。則此
> 毋有無罪而見誅，毋有有功而無賞者矣。戒之哉！戒之哉！……是
> 以一罪疑則弗遂誅也，故不肖者得改也。故一功疑則弗倍也，故愚
> 民可勸也。是以上有仁譽，而下有治民也。疑罪從去仁也，疑功從
> 予信也。

〈大政下〉：

> 故曰：『刑罰不可以慈民，簡泄不可以得士。』故欲以刑罰慈民，辟
> 其猶以鞭狎狗也，雖久弗親矣。故欲以簡泄得士，辟其猶弧怵鳥也，
> 雖久弗得矣。故夫士者弗敬則弗至。故夫民者，弗愛則弗附。故欲
> 求士必至，民必附，惟恭與敬，忠與信，古今毋易矣。

所謂「一功疑則弗倍也，故愚民可勸也。是以上有仁譽，而下有治民也。疑
罪從去仁也，疑功從予信也。」「夫民者，弗愛則弗附。故欲求士必至，民必

附，惟恭與敬，忠與信，古今毋易矣。」賈誼認爲君民上下之間，國君能以民爲本、仁信待民、敬士慎刑，才能得到士民的擁戴，建立一個有禮有義，上下有則，以國君爲核心的理想關係。

由賈誼這種上下相對之社會政治思想中，我們了解賈誼理想中之君、臣、民關係，國君地位雖是最高最尊的，但是在「彼且爲我亡，故吾得與之俱存，夫將爲我危，故吾得與之皆安。」（〈階級〉）之相對關係下，賈誼並不主張將法家「法不阿貴」〔註13〕的主張用之於臣下，或以法家「法嚴刑酷」之道來治理人民，而是主張在「尊卑分明，上下有別」的儒家「禮」規範制下，建立「尊者對下以仁愛，卑者對上當忠敬」之合理的上下倫理關係，這正是賈誼「定經制」思想之社會意涵所在。

此外，賈誼提出以「禮」「定經制」之社會主張，是他認爲儒家這些忠、孝、仁、義的品質，皆包含在「禮」思想中，〔註14〕〈禮〉云：

君仁臣忠，父慈子孝，兄愛弟敬，夫和妻柔，姑慈婦聽，禮之至也。

禮者，所以節義而末不還。

禮者，所以恤下也。

禮者，自行之義，養民之道也。

而且「禮」之範圍更可擴大施及於萬物，〈禮〉：

禮，聖王之於禽獸也，見其生不忍見其死，聞其生不嘗其肉，隱弗忍也，故遠庖廚仁之至也。

所以在賈誼心目中「禮」之功能除了能維持政治結構之秩序之外，並有著能使人修行德理能根據忠、孝、仁、義來行事，和實踐儒家「仁民愛物」思想之社會功能，故爲了使社會秩序和規範有所遵循之標準，賈誼主張人們一切立身行事皆須根據「禮」作爲準則，而提出以「禮」「定經制」之社會主張。

依「禮」之「尊者對下以仁愛，卑者對上當忠敬」之相對思想，和使人修行德理能有所憑依之立身行事功能，面對漢初因秦而來之嗜利輕義與背逆倫理的社會風俗問題，賈誼於「禮」之「別貴賤，明尊卑」的規範意義下，提出建立起「上對下以仁愛，下對上以忠敬」之相對人倫關係，以確立社會人倫秩序之正確規範，使每個人能過著有秩序而又和諧的禮治生活。賈誼對

〔註13〕《韓非子・有度》云：「法之所加，智者弗能辭，勇者弗敢爭，刑過不避大臣。」
〔註14〕參見華友根〈試論賈誼的禮學觀〉《江海學刊》，1996年3月，頁109。

於如何維繫人群中倫常秩序之運行，使社會之人倫關係與秩序能井然有序之問題，他認爲應在「禮」之相對意義下，建立起父子、兄弟、姑婦等，六親人倫之間的禮制規範，〈禮〉云：

> 君仁臣忠，父慈子孝，兄愛弟敬，夫和妻柔，姑慈婦聽，禮之至也。
>
> 君仁則不厲，臣忠則不貳，父慈則孝，子孝則協，兄愛則友，弟敬
>
> 則順，夫和則義，妻柔則正，姑慈則從，婦聽則婉，禮之質也。……

賈誼以「禮之至」「禮之質」來說明人倫相處進退之「分」與「義」，他認爲在「禮」之相對意義下，君臣、父子、兄弟、夫妻、姑婦之間的關係，上對下之態度要仁、慈、愛、和，而下對上之行爲應忠、孝、敬、柔、聽，如此才能達到不厲、不貳、孝、協、友、順、義、正、從、婉之目的，使社會人倫關係和諧而又有秩序。賈誼這種將社會人倫關係加以具體規範的主張，主要是對於各種身份的人，承認其存在之意義，肯定社會上人與人關係應是相對的，他希望在禮制規範下，照顧到每一個人的特殊處境和關係，將人與人之間的關係予以合理化，建立起社會人倫秩序之價值規範。

另外，對於因經濟政策之開放，造成人民趨末逐利時尚奢靡與商賈破壞社會等級制度問題，賈誼認爲在禮制規範下，經濟生活亦應以「禮」節之，〈禮〉云：

> 國無九年之蓄，謂之不足，無六年之蓄，謂之急，無三年之蓄，謂
> 之國非其國也。民三年耕必餘一年之食，九年而餘三年之食，三十
> 歲相通而有十年之積，雖也凶旱水溢，民無饑饉，然後天子備味而
> 食，日舉以樂，諸侯食珍不失，鍾鼓之縣，可始樂也，樂也者上下
> 同之。故禮國飢人，人主不飧，國有凍人，人之主裘，報囚之日，
> 人主不舉樂，歲凶穀不登，臺扉不塗，榭徹干侯，馬不食穀，馳道
> 不除，食減膳，饗祭有闕，故禮者所以自行之義，養民之道也。受
> 計之禮，主所親拜者二，聞生民之數則拜之，聞登穀則拜之。詩曰，
> 君子樂胥，受天之祐，胥者相也，祐大福也。夫憂民之憂者，民必
> 憂其憂，樂民之樂者，民亦樂其樂，與士民之若此者，受天之福矣。

由此，在漢初人民趨末逐利時尚奢靡之社會風氣下，賈誼主張以「禮」來節制社會奢侈淫靡的風氣，並在「禮」之「人溺己溺，人飢己飢」之「仁政愛民」思想下，依循儒家「禮」之「養民」意義，注重國家「農本蓄積」之民生問題和提倡節儉風氣。因此，在「禮」之「農本蓄積」「提倡節儉」之思想下，賈誼

認爲「樂」是無益於民的，賈誼認爲「樂」應是在「凶旱水溢，民無饑饉」之蓄積足食的情形下，然後「天子備味而食，日舉以樂，諸侯食珍不失，鍾鼓之縣，可始樂也。」由賈誼主張「農本蓄積」「提倡節儉」，我們可知，對於漢初因商業興盛導致人民時尚奢靡與趨末逐利之社會風氣問題，賈誼於「禮」之「蓄積節儉」的思想下，反對一切無利民生之奢靡之物。至於因商賈奢靡無制，破壞社會等級制度問題，賈誼則於〈瑰瑋〉云：

> 今去淫奢之俗，行節儉之術，使車輿有度，衣服器械，各有制數，
> 制數已定，故君臣絕尤，而上下分明矣。擅退則讓，上僭者誅，故
> 淫侈不得生，知巧詐謀無爲起，姦邪盜賊自爲止，則民離罪遠矣。

賈誼認爲欲抑制商賈生活上之奢靡僭越問題，亦應於「禮」之「明尊卑，別貴賤」之尊卑分明的制度規範下，「使車輿有度，衣服器械，各有制數。」然後在「制數已定，上下分明」中，依「禮」而「擅退則讓，上僭者誅」，使淫奢邪詐之俗無由生，進而端正社會秩序。

由上述賈誼主張以「禮」「定經制」之社會思想中，我們了解，賈誼對於風俗移易問題，上至政治中之君臣關係，下至社會上六親之人倫義務，包括社會經濟與風氣之秩序等等，無一不在其「禮」之「定經制」的思想規範內，依「禮」尋得其價值規範與常法準則，建立起社會之禮治秩序。

二、循禮正君，禮法並用

賈誼主張「定經制」思想中，對如何推行「禮」教以化民成俗之實際問題，賈誼的看法如何呢？賈誼主張移風易俗，應先由國君「循禮正身」作起，以國君作爲國家風俗移易之標瞻，賈誼的看法主要是他認爲國君位居政治與社會結構的最上層，其的行爲不僅是吏、民的榜樣，亦是國家政治與社會風氣共同之指標，〈大政上〉云：

> 君能爲善，則吏必能爲善矣，吏能爲善，則民必能爲善矣。故民之
> 不善也，吏之罪也，吏之不善也，君之過也。嗚乎！戒之戒之。故
> 夫士民者，率之以道，然後士民道也。率之以義，然後士民義矣。
> 率之以忠，然後士民忠也。率之以信，然後士民信也。故爲人君者，
> 其出令也其如聲，士民學之其如響，曲折而從君其如景矣。嗚呼！
> 戒之哉戒之哉。君鄉善於此，則佚佚然，恊民皆鄉善於彼矣。

〈道術〉篇亦云：

> 人主仁而境內和矣，故士民莫弗親也；人主義而境內理矣，故士民
> 莫弗順矣；人主有禮而境內肅矣，故其士民莫弗敬也；人主有信而
> 境內貞矣，故其士民莫弗信以矣；人主公而境內服矣，故其士民莫
> 弗戴也；人主法而境內軌矣，故其士民莫弗輔也。

賈誼認為在國君行為足以影響國家社會之興衰治亂下，所謂「君能為善，則吏必能為善矣，吏能為善，則民必能為善矣。」「人主仁而境內和矣，故士民莫弗親也；人主義而境內理矣，故士民莫弗順矣。」所以在這種上行下效的效應影響下，賈誼主張欲化民成俗應先從國君「循禮正身」作起。賈誼這種國君「正身」主張之理論根據，是根據儒家「風行草偃」之正身思想而來的，所謂「政者正也，子帥以正，孰敢不正。」（《論語‧顏淵》）「君仁莫不仁，君義莫不義，君正莫不正，一正君而國定矣。」（《孟子‧離婁上》）故賈誼認為欲推行禮教以化民成俗，必須先由國君切身循禮，自其品德與言行合乎「禮」之規範作起。

　　為了使國君能合乎「禮」之規範要求，使國君能循「禮」而行，遵「道」不失，賈誼並主張國君必須時時注意自己的行為和儀容，〈容經〉篇中賈誼把國君平常行為之容貌和儀態分為志色之經、容經、視經、言經、立容、坐容、行容、趨容、跘旋之容、跪容、拜容、伏容、坐車之容、立車之容、兵車之容等等，他主張國君行朝廷、祭祀、軍旅、喪紀之禮時，其言語、目視、心志上都須有一定而適當的儀容和標準，〈禮容語下〉云：「其君之步、言、視、聽，必皆得適順。」即國君之視、足、言、聽必須體現義、德、信、名等要求，所以對於國君平常這些行為應有之容態，賈誼則有著具體和嚴格的規範，如「視經」：

> 固頤正視，平肩正背，臂如抱鼓，足閒二寸，端面攝纓，端股整足，
> 體不搖肘，曰「經立」；因以微磬，曰「共立」；因以磬折，曰「肅
> 立」；因以垂佩，曰「卑立」。

「言經」：

> 言有四術：言敬以和，朝廷之言也；文言有序，祭祀之言也；屏氣
> 折聲，軍旅之言也；言若不足，喪紀之言也。

「行容」：

> 行以微磬之容，臂不搖掉，肩不上下，身似不則，從容而任。

「跘旋之容」：

旋以微磬之容，其始動也，穆如驚倏，其固復也，旄如濯絲。
「兵車之容」：

　　禮介者不拜，兵車不式，不顧不言，反抑式以應武容也。

凡此等等，賈誼所以主張國君平時之行爲和儀容必須合乎「禮」之規範，主要是他相信觀察人之儀表、舉動，可了解其是否眞心行禮，〈禮容語下〉云：「君子目以正體，足以從之，是以觀容而知其心。」所以國君能時時循禮而行，遵道不失，必能陶冶其心志和行爲使其表裡如一。而國君能做到衷心循禮，遵道不失，如此不僅能成爲全國臣、民之榜樣，於移風易俗公作上收上行下效之效，並且亦必能實踐「禮」之「仁政愛民」的「民本」思想，能夠「選賢與能」「擇吏治民」，使民俗敦厚，進而寬厚治民，導民向善，〈大政下〉云：

　　君明而吏賢矣，吏賢而民治矣。故見其民而知其吏，見其吏而知其君矣。……

　　故君功見於選吏，吏功見於治民。故勸之其上者，由其下而睹矣，此道之謂也。……民之不善也，失之者吏也，故民之善者，吏之功也。故吏之不善也，失之者君也，故吏之善者，君之功也。是故君明而吏賢，吏賢而民治矣。故苟上好之，其下必化之，此道之政也。

〈容經〉云：

　　古者聖王，居有法則，動有文章，位執戒輔，鳴玉以行，……故曰明君在位可畏，施舍可愛，進退可度，周旋可則，容貌可觀，作事可法，德行可象，聲氣可樂，動作有文，言語有章，以承其上，以接其等，以臨其下，以蓄其民。故爲之上者，敬而信之，等者親而重之，下者畏而愛之，民者肅而樂之，是以上下和協，而士庶順壹。

賈誼認爲國君在「居有法則，動有文章」之下，所謂「君明而吏賢矣，吏賢而民治矣。」國君能循禮不失，「以承其上，以接其等，以臨其下，以蓄其民。」必能使臣民受其影響以「禮」來立身行事，「苟上好之，其下必化之。」形成一個「上下和協，而士庶順壹」之上下有次的社會秩序。〔註15〕故欲化民成俗，端正社會風俗與秩序，賈誼主張必須由國君作起，國君之一切行爲必須合乎「禮」的規範和要求。

　　然而賈誼雖主張由國君循禮正身實踐「禮」教開始，使國家社會達到上

〔註15〕參見華友根〈試論賈誼的禮學觀〉，同前註14，頁 109～110。

行下效而化民正俗之目的，但是在人民乃「瞑盲愚賤」（〈大政下〉）與「禮不及庶人」（〈階級〉）之下，欲使「民離罪遠矣」而「不羅縣網」（〈瑰瑋〉），賈誼認為單以「禮」來整統社會秩序是不足的，故在現實形勢下，賈誼認為移風易俗亦必須有「法」為輔才行。賈誼對於移風易俗的工作，雖主張以「禮」為「經制」來移風易俗改善社會秩序，但在「禮」必須經由長期之教化、薰陶，方能使人民表現出「有恥且格」的道德行為下，〔註16〕以當時漢初社會之敗壞情況而言，欲徒倡「禮」以移風易俗整治社會秩序，實非易事，因此欲重整漢初之風俗秩序，賈誼認為雖應以「禮」為主，然在現實上亦不得不藉「法」以為防姦止暴之效。

　　賈誼即對於同是維持社會秩序的「法」不予否定，那麼他對於「禮」與「法」於維持社會秩序與移風易俗上之看法如何呢？《漢書‧賈誼傳》云：

> 凡人之智，能見已然，不能見將然。夫禮者禁於將然之前，而法者禁於已然之後，是故法之所用易見，而禮之所為生難知也。若夫慶賞以勸善，刑罰以懲惡，先王執此之政，堅如金石，行此之令，信如四時，據此之公，無私如天地耳，豈顧不用哉？然而曰：「禮云禮云」者，貴絕惡於未萌，而起教於微渺，使民日遷善遠罪而不自知也。孔子曰：「聽訟，吾猶人也，必也使無訟乎。」……人主之所積在其取舍，以禮義治之者積禮義，以刑罰治之者積刑罰，刑罰積而民怨背，禮義積而民和親。……湯武置天下於仁義禮樂，而德澤洽，禽獸草木廣裕，德被蠻貊四夷，累子孫數十世，此天下所共聞也。秦置天下於法令刑罰，德澤亡一有，而怨毒盈於世，下憎惡如仇讎，禍幾及身，子孫誅絕。……今或言禮誼之不如法令，教化之不如刑罰，人主胡不引殷、周、秦之事以觀之。

賈誼認為「禮」與「法」之差異在於，「禮」之功用在「禁於將然之前」「絕惡於未萌」是事前的預防，故是「起教於微渺」由積而漸，使人民一開始即遷善遠罪而不自知，而「法」的作用則是「禁於已然之後」為事後之補救與懲罰而已，然其懲惡杜姦之功效卻是「所用易見」的。因此，在「禮」「法」

〔註16〕漢初叔孫通為高祖制禮儀時，魯有兩生曰：「今天下初定，死者未葬，傷者未起，又欲起禮樂。禮樂所由起，百年積德而後可興也。」（《漢書‧酈陸朱劉叔孫傳》）兩生所言，即在於「禮」之所起必須是在國富民安下，經由長期之淺移默化而來的。

同為致治之工具，而功效目的不同之情形下，對於移風易俗維持社會秩序之問題，賈誼認為應以「禮」為主，因「以禮義治之者積禮義，以刑罰治之者積刑罰，刑罰積而民怨背，禮義積而民和親。」「禮」才是致治根本，但是在「凡人之智，能見已然，不能見將然。」的現實情形下，「法」在維持社會秩序上的功效仍是必要而不可廢，所謂「禮之所為生難知也」「刑罰以懲惡，先王執此之政，堅如金石，行此之令，信如四時，據此之公，無私如天地耳。」即是此義。

　　我們由賈誼亦肯定「法」在維持社會秩序之成效來看，賈誼雖認為移風易俗重整社會秩序之工作，經由淺移默化之「禮」來完成，勢必比由脅迫之「法」來得更為自然而合諧，畢竟他的理想是「禮義積而民和親」，並非「刑罰積而民怨背」，但實際上賈誼基於現實形勢之需求，其主張多是傾向借助法家思想的，所以對於風俗移易之問題，他雖是認為以「禮」為主，但是在運用上他則主張亦須有「法」為輔才行。

　　綜合賈誼之社會思想，面對漢初無為政策下所產生之種種社會失序問題，為了確立社會之價值與規範，賈誼提出以「禮」「定經制」的社會主張，他希望透過以儒家「禮」「定經制」之方式，作為國家精神信仰之中心以解決漢初風俗道德的敗壞問題，重建漢初之社會秩序。賈誼以「禮」「定經制」之方法，主要是對於漢初政治、社會、經濟面中所產生之種種社會問題，主張先自政治上確立「君尊臣卑」之規範開始，然後在「禮」之「尊卑」規範下，自政治下及社會各個層面，以「禮」作為人們一切行為規範之價值標準，從而建立起社會相對之人倫關係。賈誼之社會主張主要是他認為合理的政治必須建立在健全的社會基礎上，所以移風易俗使社會達到合理的狀態，必須先從確立政治秩序來著手。〔註 17〕至於賈誼如何推行其「經制」思想以化民成俗，他則主張在儒家上行下效之效應下，應自國君「循禮正身」作起，經由國君以身作則、遵道不失，並在禮法兼存並顧與相輔相成之下，來達到移風易俗和端正社會風氣與秩序的目的。觀賈誼「定經制」之社會主張，可以說賈誼是在反對法家任法嚴刑的思想下，以儒家「禮」思想為漢代大一統之集

〔註17〕「所謂合理的政治必須建立在健全的社會制度上，所以移風易俗，使社會達到合理的狀態，也正是政治的最高目。」參見徐復觀《兩漢思史》（卷二）〈賈誼思想的在發現〉六、政治思想中，禮的思想的突出，臺北，台灣學生書局，1993 年，頁 139。

權統治者提供一套理論，和作為精神思想之統治根據，並在漢初「中央集權」之政體下，將其政治思想進一步的延伸於社會主張上。

由賈誼之政治與社會思想中，我們發覺，賈誼基於秦尚法而亡之故，亟力倡言以儒家思想作為統治者治國理民之道。如政治思想中，他提出儒家「仁政愛民」思想和以「禮」作為解決漢初政治問題之憑依。另外對「君道」之「仁德」、「慎刑」、「恤民」之要求，以及主張以「禮」來教育太子等等。社會思想方面，賈誼則提出以儒家「禮」「定經制」之思想，及主張建立起相對的社會倫理規範和以「禮」來移風易俗，其在上疏文帝之建言中更云：

> 人主之所積在其取舍，以禮義治之者積禮義，以刑罰治之者積刑罰，
> 刑罰積而民怨背，禮義積而民和親。故事主欲民之善同，而所以使
> 民善者或異，或道之以德教，或歐之以法令，道之以德教者，德教
> 洽而民氣樂，歐之以法令者，法令極而民風哀。

所謂「以禮義治之者積禮義，以刑罰治之者積刑罰。」「道之以德教者，德教洽而民氣樂，歐之以法令者，法令極而民風哀。」由其上述之主張與建言中我們了解，賈誼是亟力提倡以儒家政治作為國家治國理民之道。然而，我們也發現，當賈誼面對現實問題時，實際上在漢初「尊君集權」之政治背景下，賈誼主張必須遵守「尊君卑臣」的禮制規範，並主張經由「眾建」政策來削弱諸侯王，將政權集權於中央，而社會思想上他亦主張在「禮主法輔」之不廢法下來移風易俗。由此我們發覺，賈誼基於秦亡之歷史教訓，他雖然反對法家之治，提倡以儒家思想作為治國之道，然而面對現實政治問題時，他主張的卻是實行法家制度，故可以說賈誼面對現實問題時，實際上主張的是法家思想，但意識上倡言的則是儒家理想政治。

第五章　經濟思想

第一節　漢初的經濟情況

　　漢初之經濟情況，自秦始皇統一天下之十餘年間，由於內外大興功作和成役，而竭盡天下資財，《漢書‧食貨志上》言：「至於始皇，逐并天下，內興功作，外攘夷狄，收泰半之賦，發閭佐之戍，男子力耕不足糧饟，女子紡績不足衣服。」加之秦末楚漢之際，天下未定，海內搖蕩，「農夫釋耒，工女下機」（《史記‧酈生陸賈列傳》）「老弱未傅者悉詣軍」（《漢書‧高帝紀》）而「丁壯苦軍旅，老弱罷轉漕。」（《史記‧項羽本紀》）連年爭戰，使得漢初之民生經濟呈現的亟其殘破的景象，《史記‧貨殖傳》云：

　　　　楚漢相距滎陽，民不得耕種，米石至萬。

《漢書‧高帝紀》：

　　　　關中大飢，米斛萬錢，人相食。

《漢書‧食貨志上》云：

　　　　漢興，接秦之弊，諸侯並起，民失作業，而大飢饉，凡米石五千，
　　　　人相食，死者過半，高祖乃命民得賣子，就食蜀漢。

漢初因戰爭的緣故，消耗了大量的糧食與物資，以至糧食缺乏而物價騰躍，米石至五千或萬錢而「人相食」。因此，漢初平定天下之後，為了安定社會，鞏固政權，政府奉行黃老思想，採取一切放任無為的政策以恢復國家元氣，《漢書‧刑法志》：

　　　　當孝惠呂后時，百姓新免毒蠚，人欲長幼養老，蕭曹為相，填以無

　　　　爲，從民之欲，而不擾亂。

《漢書‧景帝紀》：

　　　　周秦之敝，罔密文峻，而姦軌不勝。漢興，少除煩苛，與民休息。

而政府除了政治上奉行黃老無爲思想以起敗補弊之外，高祖、惠帝和高后時亦先後實行了幾項經濟措施以安撫人民。

　　首先是「安緝流亡」，《漢書‧高帝紀》言漢王稱制後，夏五月，兵皆罷歸家，即詔曰：「今天下已定，令各歸其縣，復故爵田宅，吏以文法教訓辨告，勿笞辱，民以飢餓自賣爲人奴婢者，皆免爲庶人。軍吏卒會赦，其亡罪而亡爵及不滿大夫者，皆賜爵爲大夫。」即赦免奴婢、避難、流亡、逃傜役之離土無戶籍之人民，並勸勵其安歸故里，取回田宅，恢復庶民身份，而軍吏卒，則各依軍功及從軍久暫，給予加爵安撫。

　　其次是「減輕租稅」，《漢書‧食貨志上》云：「約法省禁，輕田租，什五而稅一，量吏祿，度官用，以賦於民。」高祖採行「什五而稅一」的稅制，一改秦始皇時「收泰半之賦，竭天下之資財以奉其政。」（《漢書‧食貨志上》）的徵稅方式，惠帝即位後，重申「減田租，復什五稅一」之制（《漢書‧惠帝紀》）以減輕農民生活之負擔。

　　第三是「獎勵農業生產」，如惠帝四年，《漢書‧惠帝紀》云：「春正月，舉民孝弟力田者復其身。」高后元年，《漢書‧高后紀》言：「置孝弟力田二千石者一人」師古曰：「欲以勸勵天下，令各敦行務本。」

　　第四是「增殖人口」，高帝七年，令「民產子，復勿事二歲。」（《漢書‧高帝紀》）產子一人，免除其力役二年。惠帝六年，令「女子年十五以上至三十不嫁，五算。」即課以重稅。政府繁息人口，以培養國家及農業之人力來源。

　　第五是「運用政治力量打擊商賈」，《史記‧平準書》云：「天下已平，高祖乃令賈人不得衣絲乘車，重租稅以困辱之。」又令賈人不得「操兵，乘騎馬。」（《漢書‧高帝紀》）並令其「子孫亦不得仕宦爲吏」（《史記‧平準書》），《漢書‧惠帝紀》六年注應劭曰：「漢律，人出一算，算百二十錢，唯賈人與奴婢倍算。」（《漢書‧食貨志下》）且凡商賈買饑民子女爲奴婢者，必須無條件釋放。〔註1〕

　　　　──────────────

〔註1〕　以上漢初之經濟措施，參自韓復智《漢史論集》〈兩漢物價的變動與經濟政策之關係〉，臺北，文史哲，1980 年，頁 52～54，及徐麗霞〈漢初經濟概況暨

　　由上述漢初高祖至呂后時所實行的經濟措施來看，政府經濟政策之方針主要在於「重農抑商」。以「重農」措施而言，《漢書‧文帝紀》云文帝即位後，躬修儉節，於二年詔曰：「夫農，天下之本也，其開籍田，朕親率躬耕。」並於「文帝十二年，賜民田租之半。」、「十三年，除民田租」仍繼續實施減免農民租稅的重農措施，人民不納田租長達十三年之久，直到景帝二年，景帝方復「令人民半出田租，三十而稅一也」(《漢書‧食貨志上》)。

　　漢初政府之「重農抑商」政策，是延續秦以來的國家經濟主張。秦自商鞅變法以來即實行「重農」政策，獎勵農織，《史記‧商君列傳》：「大小僇力本業耕織，致粟帛多者復其身。事末利及怠而貧者，舉以爲收孥。」並「爲田開仟陌封疆，而賦稅平。」秦始皇統一天下後，亦繼續推行商鞅以來的「重農」政策，秦始皇二十八年東巡時即於琅邪刻石中云：「皇帝之功，勤勞本事，上農除末，黔首是富。」此顯示秦始皇重視農本的事實。而秦始皇之「重農」特別可從其「抑末」措施中看出，秦始皇的「抑末」措施中最嚴厲的有「遷」與「謫」兩項刑罰，所謂「遷」本來是用以懲罰政治犯，將其流放至荒遠地區的一種刑罰，而此刑自秦昭王起，便將其施加於懲處工商之「不軌之民」身上，如《漢書‧地理志》云：「秦既滅韓，徙天下不軌之民於南陽。」又如秦時爲遷虜之民的「宛孔氏」、「蜀卓氏」之治鐵家，和漢初時富豪孔僅、鄭程等之祖先，皆是被秦所遷虜於它地的六國工商業者。而「謫」也是屬於流放的一種刑責，即把罪犯發配偏僻地區戍守落戶的一種刑罰，如秦之「七科謫」中，「七科謫」：一吏有過，二贅婿，三賈人，四嘗有市籍，五父母有市籍，六大父母有市籍，七發閭左，秦「謫」之七科之中，其從商者或直係親屬中從事商業者便佔了四科，秦時採用這種「遷」與「謫」的嚴厲方式對待商賈，商人地位由此可見。〔註2〕

　　漢興之後，政府在民生凋弊百廢待舉的情形下，爲了安撫百姓以振興經濟，政府政治上奉行黃老無爲政策，並在經濟上實施種種重農措施，繼續推

　　　賈誼之經濟政論〉《實踐學報》，21 期，民國 79 年 6 月，頁 3～4。
〔註2〕秦始皇「抑商」政策中之「遷」與「謫」等刑罰，參見何清谷〈秦始皇時代的私營工商業〉，頁 30～32。而何清谷於文中並認爲，秦代雖實行嚴厲的「抑末」政策，但是比較特殊的是對於當時的烏猓氏與蜀卓氏之大商賈，一令其比封君時於列臣朝請，一則爲其築懷清臺以示表彰，對兩者似乎有著不同而矛盾的特別對待，其實秦始皇的這種作爲，不過是對邊塞的大商賈採取攏絡政策和表彰封建道德，此中並毫無「重商」之意。

行秦以來的「重農抑商」政策,而政府努力的結果,使得國家得以休養生息,社會經濟漸次復甦,《漢書‧高惠高后功臣表》云:

> 逮文、景四五世間,流民既歸,戶口亦息,列侯大者至三四萬戶,小國自倍,富厚如之。

《史記‧律書》云:

> 歷至孝文即位,……百姓無內外之繇,得息肩於田畝,天下殷富,粟至十餘錢,鳴雞吠狗,煙火萬里,可謂和樂者乎。

我們從漢初人口的增殖及糧食價格的反應中,可知文帝時國家經濟已有所發展,社會慢慢步向富庶的狀況了,故《史記‧律書》云:「(文帝時)會天下新去湯火,人民樂業,因其欲然,能不擾亂,故百姓遂安,自年六七十翁,亦未嘗至市井,游敖嬉戲如小兒狀。」這顯示了漢初政府的重農政策確實是有其成功的一面。

然而漢初經濟在政府放任無為與重農抑商政策下,表面上社會呈現的是一片和樂安定的景象,但實際上在土地私有制與商業興盛下,政府則面臨著土地兼併現象和人民棄本從末等社會問題。

一、農民生活困苦,背本趨末

漢初政府雖在經濟上採取「重農抑商」政策,並在重農主張下實施許多惠民措施,但是這些惠民措施並未能針對農民問題加以解決,農民生活仍是困苦不堪,文帝時賈誼與晁錯描述了當時農民的生活情況,《新書‧無蓄》言:

> 漢之為漢,幾四十歲矣,公私之積,猶可哀痛也。故失時不雨,民且狼顧矣,歲惡不入,請賣爵鬻子,既或聞矣。

《漢書‧食貨志上》云:

> 今農夫五口之家,其服役者不下二人,其能耕者不過百畝,百畝之收不過百石。春耕夏耘,秋收冬藏,伐薪樵,治官府,給繇役,春不得避風塵,夏不得避暑熱,秋不得避陰雨,冬不得避寒凍,四時之間亡日休息,又私自送往迎來,弔死問疾,養孤長幼在其中,勤苦如此。尚被水旱之災,急政暴賦,賦斂不時,朝令而暮改,當具有者半賈而賣,亡者取倍稱之息,於是有賣田宅鬻子孫以償責矣。

我們由當時的農民生活中可知,漢初政府為獎勵農業生產,實施減免租稅、開籍田、率民躬耕等重農措施,其成效並無法普及一般農民,大多數農民的

生活仍是困苦。

　　漢初農民生活之困難，主要因土地私有制下私稅過重。漢初政府爲了振興民生經濟，提倡「重農」政策，高祖時實施「輕田租，什五而稅一。」(《漢書·食貨志上》)，文帝時又屢以減免農民田租，但是在土地私有制下，自戰國以來發展至漢初，膏腴土地大多集中於富人豪強手上，除了自耕農與半佃農外，許多人都被迫成爲佃農或僱農，[註3] 而這些受佃僱之農民所必須繳納給地主之租稅，是每年歲收的一半，《漢書·食貨志上》云：「漢氏減輕田租，三十而稅一，常有更賦，罷癃咸出，而豪民侵陵，分田假劫，厥名三十，實什稅五也。」因此在國家租稅雖輕，但是地主私稅卻非常之重的情形下，直接受惠者都是那些地主豪強，所以政府的減稅措施，不僅無法加惠於無田的佃農和僱農，而且無形中使得不勞而獲的地主們坐收巨額的田租，故對於漢代的重農措施，荀悅曾批評政府所實行的惠民稅制，[註4] 云：

　　　古者什一而稅，以爲天下之中正也，今漢民或百一而稅，可謂鮮矣。
　　　然豪強富人占田逾侈，輸其賦大半，官收百一之稅，民收太半之賦，
　　　官家之惠優於三代，豪強之暴酷於亡秦，是上惠不通，威福分於豪
　　　強也。今不正其本，而務除租稅，適足以資豪強也。(《前漢書·孝
　　　文帝紀》)

荀悅認爲政府爲重農而減租之措施是「上惠不通」，人民無法受惠，受惠的僅限於地主豪強，而人民無法直接受惠之原因，即在於漢初政府「不正其本」，未有具體的辦法限制地主豪強對農民的剝削與兼并。

　　漢初農民所承受的經濟負擔，除了上述付給國家的租稅與地主私稅之外，人民對於政府還有所謂「人口稅」、「更賦」、「戶稅」等其它的稅賦必須負擔。「人口稅」分爲：口錢、算賦、獻賦三種，「口錢」即其未滿年齡者，

[註3] 以土地自由買賣爲基礎的土地私有制，發展至秦漢，經由沒收、賞賜、購買，土地多集中在皇帝、貴族、官僚、豪紳之統治階級手上，而實際耕種的農民只佔少部份土地，或根本沒有土地，故《漢書·食貨志上》云：「秦……用商鞅之法，改帝王之制，除井田，民得賣買，富者連田仟佰，貧者亡立錐之地。……漢興，循而未改。」戰國以來土地兼并現象，可參見參見傅築夫《中國經濟史論叢》〈中國土地私有制的發展與地主經濟〉(二) 秦漢時代的土地買賣與土地兼并，臺北，谷風出版，1987 年，頁 112～120。

[註4] 荀悅所批評的「惠民稅制」乃指漢初所實行的「三十而稅一」之制，而「三十而稅一」之制，自景帝之後，已成漢家定制。《漢書·食貨志上》載，景帝二年「令民半出稅，三十而稅一。」王莽時亦云：「漢氏減輕田租，三十而稅一。」

七至十四歲，每人每年出口賦錢，人二十；「算賦」爲年十五至五十六，每人每年百二十爲一算（商人與奴隸倍算）；「獻賦」是每人每年獻給皇帝六十三錢。然漢代出賦對農民影響最大的主要爲「更賦」，所謂「更賦」即漢代實行徵兵制，規定男丁年二十三開始服役，第一年由郡縣派遣至京師充衛士，期滿後回本郡，充材官（挑選過的士兵）或騎士樓船（水兵）一年，接受射御騎馳戰陣或駕船水戰之訓練，期滿仍回到原籍，須五十六歲年老力衰之後，始免去兵役，而五十六歲以內，仍有隨時被徵調入營的義務。而在此三十餘年中，每人每年須在本郡或本縣還需服役一個月，自往者稱爲更卒或卒更，不自往，僱窮人代替本人服役者，每月出錢二千，稱爲踐更，而殘疾罷癃者雖能免除勞役，但仍須繳納免役稅。此外又每人每年並須戍邊三日，稱之爲「傜役」，不能去者，出錢三百給官府，由官府給戍邊的人，稱爲過更，如此農民每年至少平均要服役三個月，而且《漢書・食貨志上》言：「（文帝時）農夫五口之家，其服役者不下二人。」這種負擔對農民實在太重。至於「戶稅」，則是每戶每年不分貧富出戶稅二百錢給列侯封君。〔註5〕

由上文我們了解，漢代農民生活上所必須承擔的經濟負擔，除了主要來自於地主私稅之外，還有沉重的國家傜役問題與稅賦壓力，而這些對於原本即生活貧苦的農民是極其不利的，雖然文帝時《漢書・食貨志上》云：「閔中國未安，偃武行文，……民賦四十，丁男三年而一事。」但農民負擔還是相當的重，而生活在這種情形下，農民爲了繳納賦稅則必須賣掉農產品，農民賣掉農產品多「當具有者半賈而賣，亡者取倍稱之習。」（《漢書・食貨志上》）又必須遭到剝削，倘若又「被水旱之災，急政暴賦，賦斂不時」，那麼只有「賣田宅鬻子孫以償責矣。」（《漢書・食貨志上》）而農民借高利貸或賣掉田宅來還債償賦，出賣後生活不免更苦，最後只有出賣妻子乃至於自身，所以賈誼云：「未獲年，富人不貸，貧民且飢，天時不收，請賣爵鬻子，既或聞耳。」（〈無蓄〉）

而農民在生活困苦下，爲了生存多「背本趨末」。人民「背本趨末」之現象，乃是自戰國以來即有之社會問題，戰國以來，人們求富逐利之觀念，如《史記・貨殖列傳》謂：「用貧求富，農不如工，工不如商，刺繡文不如倚市門，末業貧者之資也。」所謂「末業貧者之資也」，由於人們認爲從事末作較

〔註5〕 以上漢代人民之「稅」、「役」、「賦」等經濟負擔及，參見錢穆《國史大綱》上冊，第八章，臺北，台灣商務，1995 年，頁 132～135，及韓復智《漢史論集》〈西漢物價的變動與經濟政策之關係〉，同前註 1，頁 62～63。

易於生活，所以社會上普遍存在著趨末風氣，然而促使人民「背本趨末」之
原因，主要還是從事農作生活困難，以當時擁百畝之農家生計而言，據《漢
書・食貨志上》載：

> 一夫挾五口，治田百畝，歲收畝一石半，爲粟百五十石，除十一之
> 税十五石，餘百三十五石。食，人月一石半，五人終歲爲粟九十石，
> 餘四十五石。石三十，爲錢千三百五十。除社閭嘗新春之祠，用錢
> 三百，餘千五十。衣，人率用錢三百，五人終歲用千五百，不足四
> 百五十。不幸疾病死喪之費，及上賦斂，又未與此。此農夫所以常
> 困，有不勸耕之心。〔註6〕

人民從事農作生活已是如此困難，而漢興之後，政府雖在經濟上實施種種「重
農」措施，但並未能針對農民問題加以解決，加上彼時去戰國未遠，人民從
商逐利之風未衰，《漢書・食貨志上》云：「文帝即位，躬修儉節，思安百姓，
時民近戰國，皆背本趨末。」人民在生存困難的情形下，由於從事末作比務
農來得易於生存，而其善於經營者或可因而致富，故在「富者人之情性，所
不學而欲俱者也」（《史記・貨殖列傳》）下，人民多「背本趨末」。

二、商業勃興，兼并農業

除了人民「背本趨末」之現象外，漢初基於當時各方環境之要求，政府
在一切奉行黃老無爲之放任政策下，並「約法省禁」開放關梁山澤之利以便
民墾植，《史記・貨殖列傳》云：「漢興，海內爲一，開關梁，馳山澤之禁。」
然而政府便民的結果，雖給予人民極大的便利和自由的發展機會，促使了經
濟和商業的繁榮，「是以富商大賈周流天下，交通之物，莫不流通，得其所欲。」
（《史記・貨殖列傳》）但商人們則趁國家經濟未復甦，和政府「約法省禁」
的放任政策下，周流天下，從事交易，並藉機囤積居奇，壟斷物價，造成供
需失調而物價上漲，使人民深受其苦，《史記・平準書》云：「漢興，……約
法省禁，而不軌逐利之民，蓄積餘業以稽市物，物騰躍，米至石萬錢，馬一
疋則百金。」且《漢書・食貨志上》云：

> 商賈大者積貯倍息，小者坐列販賣，操其奇贏，日游都市，乘上之

〔註6〕 李悝所描述的這種農民生活情形，董仲舒又補稱：「月爲更卒，已復爲正，一
　　　 歲屯戍，一歲力役，三十倍於古。田租、口賦、鹽鐵之利，二十倍於古。」
　　　 見《漢書・食貨志上》。

急，所賣必倍。男不耕耘，女不蠶織，衣必文采，食必粱肉，亡農

夫之苦，有仟伯之得。因其富厚交通王侯，力過吏勢，以利相傾。

千里游敖，冠蓋相望，乘堅策肥，履絲曳縞。

商賈們以逸代勞，趁民之急操縱物價，攫取暴利，不必有農夫之辛苦，便能以末致富，並且「因其富厚交通王侯，力過吏勢」政治關係良好，罔顧國家禁令，「千里游敖，冠蓋相望，乘堅策肥，履絲曳縞。」甚者「衣服得過諸侯擬天子」（《新書‧瑰瑋》）「屋壁得為帝服，賈婦倡優下賤，產子得為后飾。」（《新書‧孽產子》）使社會「汰流淫佚，侈靡之俗日以長。」（《新書‧無蓄》）造成社會「奢靡趨末」之風。最嚴重的是商賈因商致富後，往往以其剩餘的資本購買土地，即「以末致財，用本守之。」（《史記‧貨殖列傳》）慢慢的變成地主豪強，其勢力「大者傾郡，中者傾縣，下者傾鄉里。」（《史記‧貨殖列傳》）甚至「顓川澤之利，管山林之饒」（《漢書‧食貨志上》），如此不僅更形成政府管理上的困難，使土地兼并問題隨著商業不斷發展而日益嚴重，而且亦加速對自耕農與半佃農的惡性剝削與兼并，使農民生活愈加的困苦。〔註7〕此正晁錯所言「商人所以兼并農人，農人所以流亡」（《漢書‧食貨志上》）的主要原因。

漢初政府在「重農」政策下，為了防止商業的擴大和兼并，《史記‧平準書》云：「高祖乃令，賈人不得衣絲乘車，重租稅以困辱之。……子孫亦不得仕宦為吏。」政府以政治力量限制商人，實施「抑商」政策。〔註8〕然而政府雖然「抑商」，不準商賈們「衣絲乘車」、「入仕為宦」，並「重租稅以困辱之」，但是這些只是限制富人商賈生活上的過份侈靡及壓低其社會地位，政府對商賈們所課之重稅，商賈們仍可將其轉嫁於消費者或人民身上，反而造成更大的剝削，所以實際上政府之「抑商」政策，並未能有效的阻止商賈過份的擴張兼并和剝削人民，故晁錯乃云：「今法律賤商人，商人已富貴矣。尊農夫，農夫已貧賤矣。」（《漢書‧食貨志上》）

而漢初政府雖然亟力抑商，但商業蓬勃現象，乃是社會進步與經濟繁榮所產生之必然現象，《史記‧貨殖列傳》云：

〔註7〕 商賈以其資本兼并農民土地情形，參見傅築夫《中國經濟史論叢》〈中國土地私有制的發展與地主經濟〉（二）秦漢時代的土地買賣與土地兼并，同前註3，頁120～122。

〔註8〕 漢初政府這種「賈人不得衣絲乘車，重租稅以困辱之。……子孫亦不得仕宦為吏。」（《史記‧平準書》）的「抑商」措施，和秦時以「遷」、「謫」之嚴屬律法對待商賈相比，可以說是「約法省禁」多了。

> 故待農而食之,虞而出之,工而成之,商而通之,此寧有政教發徵
> 期會哉。人各任其能,竭其力以得所欲。故物賤之徵貴,貴之徵賤,
> 各勸其業,樂其事,若水之趨下,日夜無休時,不召而自來,不求
> 而民出之,豈非道之所符,而自然之驗也。

由於求富逐利乃人之天性,在社會的各種需求之下,復甦經濟非僅靠「重農」
即可以達成的,司馬遷所謂:「農而食之,虞而出之,工而成之,商而通之。」
國家必須符合社會各層面的經濟需求,才能促進經濟快速發展。因此,爲求
國家經濟的發展與符合社會的各種需求,漢初高祖之「抑商」政策,至孝惠、
高后時即「復弛商賈之律」(《史記・平準書》),政府在態度上對商賈不再過
於限制,刻意的打壓,對其採取「約法省禁」、「寬簡無爲」的放任政策,希
望在撫循和滿足人民經濟活動的欲望下,以期快速恢復漢初的經濟活力。而
對於漢初這種「抑商」政策的發展,王夫之《讀通鑑論》卷二〈漢高帝〉批
評云:

> 國無貴人,民不足以興,國無富人,民不足以殖。任子貴於國,而
> 國愈偷,賈人富於國,而國愈貧。任子不能使之弗貴,而制其貴之
> 擅,賈人不能使之弗富,而奪其富之驕。高帝初定天下,禁賈人衣
> 錦綺、操兵、乘馬,可謂知政之本矣。鳴呼!賈人者,暴君汙吏所
> 亟進而寵之者也。暴君非賈人無以供其聲色之玩,汙吏非賈人無以
> 供其不急之求,假之以顏色而聽其輝煌,復何忌哉!賈人之富也,
> 貧人以自富者也。牟利易則用財也輕,志小而不知財,智昏而不恤
> 其安,欺貧懦以矜夸,而國安得不貧,民安得而不靡。高帝生長民
> 間,而習其利害,重挫之而民蘇,然且至孝文之世,后服帝飾如賈
> 生所譏,則抑末崇本之未易言久矣。

王夫之稱讚高祖之「抑商」政策是「可謂知政之本矣」,能「習其利害,重挫
之而民蘇。」然而高惠、呂后之後,「未易言久」,政府「抑商」政策之效果
不彰,致使社會產生奢靡失序現象。由此可見,漢初之「重農抑商」政策,
並未能解決漢初因商業經濟擴張所引發之兼并與人民趨末之社會問題。〔註9〕

漢初經濟在黃老思想休息無爲與政府的重農政策之下,表面上社會經濟呈
現的是一片繁榮安樂的景象,但實際上由於政府「重農抑商」政策成效不彰,

〔註9〕 關於漢初土地兼并和商業資本的畸形發展現象,參見韓復智《漢史論集》〈兩
　　　漢經濟問題的癥結〉,及〈兩漢物價的變動與經濟政策之關係〉。

人民生活並未獲得改善，故人民不再安於農本而轉營末業，造成大量的農業人口流失，其次是政府放任政策過於開放的結果，導致了國家商業畸形發展，而商業勃興從商者遽增後，是社會趨利和浮華風氣與日遽增，這些情形不僅使國家經濟與社會秩序遭受破壞，形成了對社會和經濟的負面影響，而且在漢初民生資源有限的情形下，皆威脅到政府既定之重農政策與國家政權之安危。

三、漢初幣制之變革與政府放鑄之弊

漢初政府在黃老放任政策下所面臨之經濟問題，除了面臨土地兼併現象和人民棄本從末等社會問題之外，尚有幣制變動所引起之通貨膨漲問題，《漢書・食貨志下》云：「漢興，以爲秦錢重，難用，更令民鑄莢錢，黃金一斤。而不軌逐利之民，蓄積餘贏以稽市，物痛騰躍，米至石萬錢，馬至匹百金。」由於幣制問題關係著物價之穩定，而物價之起落，則關係著民生經濟之富裕安定，故漢初平定天下後，爲了穩定物價，安定社會經濟，實施了變更幣制的措施，然高祖變更幣制的結果，卻引起了漢初幣制的紊亂，導致文帝時因放鑄引發種種社會經濟問題。

秦始皇統一天下，爲了統一制度便於管理，規定以黃金和銅錢，將國家貨幣分爲兩等，《漢書・食貨志上》云：

> 秦兼天下，幣爲二等，黃金以溢爲名，上幣；銅錢質如周錢，文曰：
> 「半兩」，重如其文。而珠玉龜貝銀錫之屬，爲器飾寶藏，不爲幣。

漢興，由於民戶大減，稅源有限，〔註 10〕而國家政權初立，政府財政困難和極待解決之問題很多，故高祖想藉變更幣制，利用錢幣面值與實值的差別，從中取得厚利，以解決政府財政上的困難，〔註11〕另一方面亦因秦錢重難用，爲了交易方便，於是發行「莢錢」，錢文仍作「半兩」，《史記・平準書》索隱，顧氏案古今注云：「秦錢半兩，徑寸二分，重十二銖，莢錢重三銖。」〔註12〕「莢錢」實施的結果，因表裡不一，錢文半兩，實只重三銖，故幣值降低，導致人民積貨逐利，物價騰踊，「米至石萬錢，馬至匹百金。」（《漢書・食貨

〔註10〕 《漢書・高惠高后孝文功臣表》云：「漢興，……時大城明都，民人散亡，戶口可得者，裁什二三。是以大侯不過萬家，小者五六百戶。」

〔註11〕 漢初高祖爲了交易的方便，和爲籌措經費解決政府之財政困難而變更幣制之情形，參見韓復智《漢史論集》〈兩漢物價的變動與經濟政策之關係〉，同前註1，頁 48～52。

〔註12〕 《漢書・律歷志》云：「二十四銖爲兩，十六兩爲斤。」

志下》）之後，高后二年，爲了平抑物價，以民患「莢錢」太輕，乃行八銖錢，其錢文仍作「半兩」，應劭曰：「本秦錢，質如周錢，文曰『半兩』，重如其文，即八銖也。」即復行秦時之「半兩」錢。又高后六年，行五分錢，應劭曰：「所謂莢錢者。」即又恢復高祖時之「莢錢」故幣。〔註13〕文帝即位，《漢書‧文帝紀》曰：「五年……夏四月，除盜鑄錢令，更造四銖錢。」應劭曰：「文帝以五分錢太輕小，更作四銖錢，文亦曰：『半兩』。」

　　從高祖行「莢錢」至文帝除盜鑄令爲止，此三四十年間，漢代幣制沿革，凡經三變，可以說是改革頻繁，但可以確知的是，高祖時所鑄之「莢錢」和高后時的「八銖錢」、「五分錢」，以及文帝時之「四銖錢」，皆爲當時之「法錢」。〔註14〕然而據《漢書‧食貨志下》臣瓚曰：「秦錢重半兩，漢初鑄莢錢，文帝更鑄四銖錢，秦錢與莢錢皆當廢，而故與四銖並行。」由於民間商用貿易用錢時仍兼採廢幣，故漢初的幣制則因政府多所變更的關係，使幣制紊亂無法達成統一，即賈誼所謂：「法錢不立」（〈鑄錢〉）之謂。

　　漢初錢幣之鑄造，據《史記‧平準書》與《漢書‧食貨志下》言，高祖因「秦錢重難用，更令民鑄錢」，然所謂的「令民鑄錢」實際上只有富豪之民有能力鑄造。漢初政府所以「令民鑄錢」，主要是因漢初官方尚無能力鑄錢，《漢書‧食貨志上》云：「天下既定，民無蓋臧，自天子不能具醇駟，而將相或乘牛車。……而山川園池市肆租稅之入，自天子以至於封君湯沐邑，皆各爲私奉養。」漢初以天子之貴尚不能具醇駟，將相亦只能乘牛車，又各地封君之財政只足以自足的情況下，對於需要大量人力與資本的冶鐵工業，無論中央政府或各地郡國，根本無力經營，故對於錢幣之鑄造，漢初仍採秦時之「包商」制「令民鑄錢」。秦王朝以來對於鹽鐵之開發，自商鞅變法後即採取「包商政策」，所謂的「包商政策」，即山林川澤包括鹽鐵資源，皆歸國家統一管理，國家則向開採者徵收營業稅，而其抽稅方法可能類似《管子‧輕重乙》篇之「量其重，計其贏，民得其十，君得其三。」鹽鐵所收之稅一律交由中央之「少府」專門管理，〔註15〕每年並設有定期之評比加以監督業者，所以秦代即似有普遍實行鹽鐵官營化的企圖，但限於條件，一直採取著官方

〔註13〕以上高后幣制，參見《漢書‧高后紀》卷三。
〔註14〕《漢書‧食貨志下》卷二十四，師古曰：「法錢，依法之錢也。」
〔註15〕漢承秦制，《漢書‧百官公卿表》云：「少府秦官，掌山海池澤之稅，以給供養。」

負責民間承包的方式。〔註16〕漢興之後，政府財政困難，更無力於自營鹽鐵事業之開發，故對鹽鐵之經營管理仍承秦時民間「包商」開發方式，而對業者課以重稅。

　　漢初在鹽鐵事業必須仰賴民間開發經營的情形下，高祖變更幣制雖得「令民鑄錢」，然而並未完全開放民間私自鑄錢，民間鑄錢仍由中央政府規定形制標準，並督促各郡國監鑄管理，而漢初高祖雖准許在中央監控下，人民得以鑄錢，但在鑄幣的數量上可能未對民間業者加以限制，使得「莢錢」生產數量過多，錢幣數量過多，流通量大，幣值變小，導致物品價格上漲，最後造成通貨膨漲「米至石萬錢，馬至匹百金。」（《漢書・食貨志下》）所以高后時行「八銖錢」欲提昇幣值以補救之，但是卻使得幣制更形紊亂，只好又復行「五分錢」（即「莢錢」），文帝時因患錢益多而輕，乃有折衷「四銖錢」的出現，並除去盜鑄錢令，縱民得私自開發冶鐵自鑄，政府不多加干涉，《史記・平準書》：「孝文時，莢錢益多輕，乃更鑄四銖錢，其文曰『半兩』，令民縱得自鑄錢。」《漢書・文帝紀》：「五年……夏四月，除盜鑄錢令，更造四銖錢。」《漢書・食貨志下》：「孝文五年，為錢益多而輕，乃更鑄四銖錢，其文為『半兩』，除盜鑄錢令，使民放鑄。」由《史》、《漢》言文帝除盜鑄錢令來看，文帝五年之前，政府禁止民間在中央的監控之外私自鑄錢。〔註17〕

　　文帝除盜鑄錢令之原因，主要是因為漢初鑄錢皆非「重如其文」，幣額與實值相去甚遠，因不論是高祖時之「莢錢」，或高后之「八銖錢」、「五分錢」，或文帝時之「四銖錢」，其文雖皆曰「半兩」而實質上皆不足十二銖「半兩」之重量，在這種錢幣「文重實輕」的情況下，於是姦民多盜鑄以圖利，而盜鑄者，或減去法定重量使盜鑄之幣即輕且薄，或減少法定成色摻雜鉛、鐵，或盜磨政府法錢，竊取真銅。〔註18〕如此「錢益多而輕」，盜鑄之劣幣充斥導致「惡幣驅逐良幣」，賈誼云：「姦錢日繁，正錢日亡。」（《新書・鑄錢》）而錢賤則貨貴，於是商人多「積貨逐利」，囤積貨物待形成匱乏後再高價賣出，

〔註16〕秦代之鹽鐵政策情況，參見何清谷〈秦始皇時代的私營工商業〉頁31。
〔註17〕文帝開放民間自由鑄錢之前，法令是否即已允許人民私鑄，此徐麗霞〈漢初經濟概況暨賈誼之經濟政論〉一文，同前註1，頁18～19，其詳細之歸納可供參考。然而不論如何，文帝五年以前可以確定是禁鑄的，否則文帝何須「除盜鑄錢令，使民放鑄。」
〔註18〕漢初盜鑄錢其模仿之法，參見徐麗霞〈漢初經濟概況暨賈誼之經濟政論〉，同前註1，頁19～20。

《漢書‧食貨志下》云：「不軌逐利之民蓄積餘贏以稽市物」，反之，當政府發行錢幣數量不足以供應市場交易時，錢貴物賤，則盜鑄錢者用低廉的成本鑄造高購買力之錢幣，使得「姦鑄」利潤更增，於是人民盜鑄之風俱起，所以賈誼〈鑄錢〉篇云：「令禁鑄錢，錢必還重，四錢之粟，必還二錢耳。重則盜鑄，錢如雲而起，則棄市之罪，又不足以禁矣。姦不勝而法禁數潰。」由於盜鑄之厚利誘使人民干冒法律，不避死罪，政府「姦不勝而法禁數潰」，鑒於此，文帝乃「除盜錢令，使民放鑄。」文帝放鑄之辦法，據賈誼《新書‧鑄錢》篇云：「法使天下公得顧租鑄錢，敢雜以鉛鐵爲他巧者，其罪黥。」即撤消盜鑄抵死之禁，讓人民縱得自由鑄錢，並由政府公佈統一之形制規格，凡減低成色重量不合規格以「姦鑄」欺騙牟利者，必須接受黥刑，此名曰「顧租公鑄法」。而政府除盜鑄令任民放鑄之目標，在於防止人民「姦鑄」，達到減少死罪，約法省禁之目的。〔註19〕

然文帝放民鑄錢的結果，盜鑄之風益熾，可以說更陷民於刑罪，賈誼《新書‧鑄錢》篇云：

> 法使天下公得顧租錢，敢雜以鉛鐵爲他巧者，其罪黥。然鑄錢之情，非殽鐵，及石雜銅也，不可得贏，而殽之甚微，其利甚厚，名曰「顧租公鑄法」也，而實皆黥罪也。有法若此，上將何賴焉。夫事有召禍，而法有起姦，今令細民操造幣之勢，各隱屛其家而鑄作，因欲禁其厚利微姦，雖黥罪日報，其勢不止，爲民設阱，孰積於是。曩禁鑄錢死罪積下，今公鑄錢，黥罪積下，雖少異乎末具也，民方陷溺，上且弗救乎。

鑄錢若循規遵制必無利可圖，故鑄錢者圖利而後爲之必「姦鑄」，而雜之以鉛鐵等物，賈誼所謂：「殽之甚微，其利甚厚。」如此政府開放人民鑄錢，那麼殽雜之事將不可免，故《新書‧銅布》篇云：「民鑄錢者，大抵必雜石鈆鐵焉，黥罪日繁，此一禍也。」所以政府縱民放鑄無非是張網誆民，陷民於罪，且鑄僞雲起，刑罪不止。

其次，由於社會上因僞錢與廢幣兼用，各地鑄錢之品類質量不一，亦必影響商貿之間的往來，《新書‧鑄錢》云：

> 且世民用錢，縣異而郡不同，或用輕錢，百加若干，或用重錢，平

〔註19〕以上因盜鑄所引發之經濟變動，及文帝放鑄之辦法，參見徐麗霞〈漢初經濟概況暨賈誼之經濟政論〉，同前註1，頁21。

稱不受。法錢不立，吏急而一之乎，則大煩苛，而民弗任，且力不
能，而勢不可施。縱而弗苛乎，則郡縣異，而市肆不同，小大異用，
錢文大亂，夫苟非其術，則何嚮而可哉。

因各地鑄錢之品質不一，「世民用錢，縣異而郡不同。」，故政府為了商貿與避免爭訟，乃下令改以稱量，如《漢書‧食貨志下》應劭曰：「時錢重四銖，法錢百枚，當重一斤十六銖，輕則以錢足之若干枚，令滿平也。」即法錢百枚未到法定重量者，必須填加若干枚數之錢以足之，即賈誼所謂「或用輕錢，百加若干。」其它若使用法定四銖錢之外的其他貨幣者，如用秦半兩錢購四銖之物，[註20]或同為四銖錢，摻雜過多而重於四銖者，其值不相等，雖平稱有餘，仍不受，賈誼謂此：「或用重錢，平稱不受。」由於錢幣之品類與質量不一，所以當政府收稅或急用時，「吏急而一之乎，則大煩苛，而民弗任，且力不能，而勢不可施。」且錢幣之稱量計算之繁複，又非為人民所能勝任，而以吏為憑，其認定之差異，又常使吏民之間發生衝突，使姦人有所乘，因此賈誼〈銅布〉篇云：「偽錢無止，錢用不信，民愈相疑，此二禍也。」所以放民鑄錢而以至於延誤稅收或交易買賣，無論對中央或民間皆是一種得不償失的措施。

又賈誼認為放鑄後，亦多令人民棄農鑄錢，傷及農本，《漢書‧食貨志下》云：

今農事棄捐而採銅日繁，釋其耒耨，治鎔炊炭，姦錢日多，五穀不為。善人怵而為姦邪，愿民陷而之刑戮，刑戮將甚不詳，奈何而忽！

《新書‧銅布》云：

采銅者棄其田疇，家鑄者損其農事，穀不為則鄰於飢，……且農事不為，有疑為災，故民鑄錢，不可不禁。

農作終歲辛勤，所換得的僅為惡食粗衣與窮困終生，而採銅鑄錢其利甚厚容易致富，於是人民多離棄本業而採銅鑄幣，導致了農田的荒蕪與糧食的不足，故賈誼《新書‧銅布》篇云：「采銅者棄其田疇，家鑄者毀其農事，穀不為則鄰於飢，此三禍也」。此外，鑄錢者非富者豪強不能為，王夫之《讀通鑑論》卷二〈文帝〉云：

文帝除盜鑄錢令，使民得自鑄，固自以為利民也。夫能鑄者之非貧

〔註20〕文帝時雖鑄四銖錢為法錢，然社會上因偽錢與廢幣兼用，《漢書‧食貨志下》臣瓚曰：「秦錢重半兩，漢初鑄莢錢，文帝更鑄四銖錢，秦錢與莢錢皆當廢，而故與四銖並行。」

－96－

民，貧民之不能鑄，明矣。姦富者益以富，僕貧者益以貧。多其錢
以斂布帛、菽粟、紵漆、魚鹽、果，居贏以持貧民之緩急，而貧者
何弗日以貧邪！耕而食，桑苧而衣，洿池而魚鱉，圈牢而牛羊，伐
木藝竹而材，貧者力以致之，而獲無幾。富者雖多其隸傭，而什取
其六七焉。以視鑄錢之利，相千萬而無算。即或貸力於貧民，而顧
值之資亦僅耳，抑且抑求而後可分其波潤焉，是驅人聽豪右之役也。

富人豪強僱民鑄錢，不僅剝削貧民爲其鑄錢，而且因其富厚居貨斂財，恃貧
民之緩急剝削貧民，故富者愈富，貧者愈貧，如此社會貧富差距越來越大，
所以文帝的除盜鑄錢令，使民得自鑄，無非是姦富者益以富，助長豪強坐收
逸利，並使其更便以兼并貧民，而使經濟秩序更加敗壞。

第二節　賈誼的經濟主張

一、重農蓄積

漢初政府之「重農抑商」政策成效不彰，至文帝時國家經濟之情形如何
呢？賈誼於《新書‧無蓄》云：

今背本而以末食者甚眾，是天下之大殘也。從生之害者甚眾，是天
下之賊也。汰流淫佚，侈靡之俗日以長，是天下之大崇也。殘賊公
行，莫之或止，大命泛敗，莫之振救。……漢之爲漢，幾四十歲矣，
公私之積，猶可哀痛也。故失時不雨，民且狼顧矣，歲惡不入，請
賣爵鬻子，既或聞矣。

《新書‧憂民》云：

今漢興三十年矣，而天下愈屈，食至寡也，陛下不省邪。未獲年，
富人不貸，貧民且飢，天時不收，請賣爵鬻子，既或聞耳。曩頃不
雨，令人寒心，壹雨爾慮，若更生天下，無蓄若此，甚極也。

賈誼言「殘賊公行，莫之或止，大命泛敗，莫之振救。」「漢之爲漢，幾四十
歲矣，公私之積，猶可哀痛也。」「未獲年，富人不貸，貧民且飢，天時不收，
請賣爵鬻子，既或聞耳。」由於政府「重農抑商」政策成效不彰，不僅使得
國家糧食蓄積不足，而且也因農民生活未獲得改善，導致人民背本趨末而社
會風氣奢侈淫靡。

賈誼認爲農民生活之困苦，國家糧食之不足，主要是由於政府不夠重視

農本所致，所以從「民本」的觀點，賈誼提出其「重農蓄積」的經濟主張，《新書·憂民》謂：

> 禹有十年之蓄，故免九年之水，湯有十年之積，故勝七歲之旱。夫蓄積者，天下之大命也，苟粟多而財有餘，何嚮而不濟，以攻則取，以守則固，以戰則勝，懷柔附遠，何招而不至。「管子曰：『倉廩實，知禮節，衣食足，知榮辱。』」民非足也，而可以治者，自古及今，未之嘗聞。古人曰：「一夫不耕或爲之飢，一婦不織或爲之寒，生之有時，而用之無節，則物力必屈。」古之爲天下者至悉也，故其蓄積足恃。

《新書·憂民》謂：

> 王者之法，民三年耕而餘一年之食，九年而餘三年之食，三十歲而民有十年之蓄，故禹水九年，湯旱七年，甚也！野無青草，而民無饑色，道無乞人，歲復之後，猶禁陳耕，古之爲天下，誠有具也。王者之法，國無九年之蓄，謂之不足，無六年之蓄，謂之急，無三年之蓄，曰：「國非其國也」。

《新書·瑰瑋》云：

> 今敺民而歸之農，皆著於本，則天下各食於力，末技游食之民，轉而緣南畝，則民安性勸業，而無懸愆之心，無苟得之志，行恭儉蓄積，而人樂其所矣。

賈誼繼承管子民本思想，自「富民」的觀點，認爲民富是國家治安的先決條件，「民非足也，而可以治者，自古及今，未之嘗聞。」故國家政治的安危與社會秩序之穩定，完全在於國家「蓄積」是否充足，政府是否重視「農本」問題，「夫蓄積者，天下之大命也，苟粟多而財有餘，何嚮而不濟，以攻則取，以守則固，以戰則勝，懷柔附遠，何招而不至。」「王者之法，國無九年之蓄，謂之不足，無六年之蓄，謂之急，無三年之蓄，曰：『國非其國也』。」而且對政府而言，賈誼亦認爲人民務農則縛於土，安於現狀，「安性勸業，而無懸愆之心，無苟得之志，行恭儉蓄積。」不但有利於政府的統治與管理，而且亦利於政府征丁抽稅，故不論從民本或政治的觀點，賈誼認爲政府皆應該「重農蓄積」。

　　賈誼進一步指出，「重農蓄積」的具體作用亦在於「有備無患」。文帝時國家內有諸侯之患，外受匈奴侵擾，在內憂外患下，賈誼云國家「公私之積，猶可哀痛也。」（《新書·無蓄》），人民生活甚至艱難到「賣田宅鬻子孫」的

地步，因此要消除這些內憂外患，賈誼認爲政府唯有在「蓄積」充足的情形下，國家才能儲備國力因應時變，《新書・憂民》謂：

> 曩頃不雨，令人寒心，壹雨爾慮，若更生天下，無蓄若此，甚極也。其在王者之法，謂之何必須困至乃慮，窮至乃圖，不亦晚乎。然則所謂國無人者，何謂也？有天下而欲其安者，豈不在於陛下者哉，上弗自憂，將以誰偷。五歲一小康，十歲而一大康，蓋曰大數也，即不幸有方二三千里之旱，天下何以相救，卒然邊境有數萬之衆，聚天下將何以饋之矣。兵旱相承，民塡溝壑，剽盜攻擊者，興繼而起，中國失救，外敵必駭，一日而及，此之必然。

《新書・無蓄》云：

> 世有饑荒天下之常也，禹湯被之矣，即不幸有方二三千里之旱，國何以相恤，卒然邊境有急，數十百萬之衆，國何以餽之矣。天下大屈，勇力者聚徒而橫擊，罷夫羸老，易子孫而嚼其骨，政法未畢通也，遠方之疑者，並舉而爭起矣。爲人上者，乃試而圖之，豈將有及乎。可以爲富安天下，而直以此爲廩廩也，竊爲陛下惜之。

從「有備無患」的觀點，賈誼揭示「重農蓄積」對國家安危的重要性，所謂「困至乃慮，窮至乃圖，不亦晚乎。」「夫蓄積者，天下之大命也，苟粟多而財有餘，何嚮而不濟。」故政府欲國富民安，應該重視國家農本與蓄積問題。〔註21〕

二、抑商戒奢

　　賈誼在「重農蓄積」的主張下，並分析漢初政府放任政策下，所產生之「趨末逐利」和「奢靡」之社會弊病，他認爲政府若任由人民「趨末逐利」，必將危及社會秩序之穩定與國家經濟之根基，所以在「重農蓄積」的主張下，賈誼進而主張政府必須阻止人民「趨末」的風氣，《新書・瑰瑋》云：

> 民棄完堅，而務雕鏤纖巧，以相競高。作之宜一日，今十日不能輕成，用一歲，今半歲而弊。作之費日，挾巧用之易弊，不耕而多食

〔註21〕賈誼的這種「重農」經濟思想仍屬法家「農本主義」主張，法家之「農本主義」其思想與政策主張全體人民主要以農戰爲主，故視農爲本，工商爲末，必須「崇本抑末」。而「重農思想」之崇本重農的理由，主要是由原始性層次的重農—「富民」，及第二層次的文化性重農—「教化」。關於兩者之詳細說明參見侯家駒〈從西周到漢初經濟制度暨思想之演變〉頁106～109。

農人之食，是以天下之所以困貧而不足也。故以末予民，民大貧，以本予民，民大富。黼黻文繡，纂組害女工。且夫百人作之，不能衣一人，方且萬里不能輕具，天下之力，勢安得不寒。

《新書‧孽產子》云：

夫百人作之，不能衣一人，欲天下之無寒，胡可得也。一人耕之，十人聚而食之，欲天下之無飢，胡可得也。飢寒切於民之肌膚，欲其無爲姦邪盜賊，不可得也。

賈誼認爲工商末作興盛，人民「背本趨末」者多，必導致農民背離生產崗位，使得農田荒蕪造成糧食不足，「作之費日，挾巧用之易弊，不耕而多食農人之食，是以天下之所以困貧而不足也。」「一人耕之，十人聚而食之，欲天下之無飢，胡可得也。」故在「重農蓄積」的理由下，賈誼主張政府應該積極「抑商」。

而且賈誼認爲商賈逐什一之利，因其富厚下收編戶之民，他們在生活上力求奢侈享受，「屋壁得爲帝服，賈婦倡優下賤，產子得爲后飾。」（《新書‧產子》）不但破壞禮制等級應有的倫理，更有損天子天威，〈孽產子〉云：

民賣產子得爲之繡衣、編經履、偏諸緣，入之閑中，是古者天子后之服也，后之所以廟而不以燕也，而眾庶得以衣孽妾，白縠之表，薄紈之裏，緁以偏諸。美者黼繡，是古者天子之服也。今富人大賈，召客者得以披牆，古者以天下奉一帝一后而節適。今富人大賈，屋壁得爲帝服，賈婦倡優下賤，產子得爲后飾，然天下不屈者，殆未有也。且帝之身，自衣皁綈，而靡賈侈貴，牆得被繡，后以緣其領，孽妾以緣履，此臣所謂舛也。

《新書‧瑰瑋》云：

世以俗侈相耀，人慕其所不如，悸迫於俗，願其所未至，以相競高，而上非有制度也。今雖刑餘、鶿妾、下賤，衣服得過諸侯擬天子，是使天下公得冒主。

賈誼認爲以天子之貴尚「自衣皁綈」，而商賈「靡賈侈貴，牆得被繡，后以緣其領，孽妾以緣履。」在服飾上「得過諸侯擬天子」，這些無異是「公得冒主」，破壞社會應有之等級制度和秩序。尤其商賈生活上之力求奢靡，無形中亦助長了工人生產侈靡無用之器，《新書‧瑰瑋》云：

夫雕文刻鏤，周用之物繁多，纖微苦窳之器，日變而起。民棄完堅，

> 而務雕鏤纖巧，以相競高。作之宜一日，今十日不能輕成，用一歲，
> 今半歲而弊。作之費日，挾巧用之易弊，不耕而多食農人之食……
> 黼黻文繡，纂組害女工。且夫百人作之，不能衣一人，方且萬里不
> 能輕具，天下之力，勢安得不寒。

賈誼認為商賈崇利耀奢助長了社會奢靡習尚，令「世以俗侈相耀」並「以相競高」，如此將不利於端正社會風氣，而且容易養成世俗貪財賤義之價值觀，故為了風俗教化與端正社會風氣，賈誼認為政府必須要「抑商」。

　　由賈誼「重農抑商」之經濟思想來看，賈誼「重農蓄積」與「抑商戒奢」之思想的提出，主要是他了解農業乃是國家賴以生存之基礎，和注意到商賈奢靡無制帶來社會奢侈失序之壞風氣，故在國富則民安，使「民安性勸業」「行恭儉蓄積」之目的下，為了維護國本與端正社會風氣，賈誼提出他「蓄積戒奢」的農本思想，希望能改變政府對經濟政策過於寬縱的態度。

三、挾銅禁鑄

　　由前述漢初因政府放鑄所產生之弊端來看，由於文帝放鑄後的結果，不但盜鑄之風益熾而刑罪不止，且社會上偽錢與廢幣兼用，和各地鑄錢之品類質量不一，致影響商貿之間的往來，加上盜鑄之利多使人民棄農鑄錢，傷及農本，並助長豪強坐收逸利，更便以兼并貧民，故賈誼主張政府應恢復「禁鑄」，如此方能杜絕姦偽，建立起商貿交易的標準，並達到政府「約法省刑」的德政目的。〔註22〕而如何恢復「禁鑄」呢？賈誼認為人民盜鑄的原因，主要在於鑄錢原料「銅」取得容易，於此賈誼提出「挾銅禁鑄」政策，主張「禁鑄」應該從鑄錢之原料——「銅」來著手，《新書‧銅布》云：

> 銅布於下，為天下災，何以言之？民鑄錢者，大抵必雜石鉛鐵焉，
> 黥罪日繁，此一禍也。銅布於下，偽錢無止，錢用不信，民愈相疑，
> 此二禍也。銅布於下，采銅者棄其田疇，家鑄者損其農事，穀不為
> 則鄰於飢，此三禍也。故不禁鑄錢，則錢常亂，黥罪日積，是陷井
> 也，且農事不為，有疑為災，故民鑄錢不可不禁。上禁鑄錢，必以
> 死罪，鑄錢者禁，則錢必還重，錢重則盜鑄錢者起，則死罪又復積

〔註22〕文帝放鑄結果，除了造成市肆混亂，社會騷動外，還導致吳王劉濞因「即山鑄錢，富埒天子，其後卒以叛逆。」的政治後果，《史記‧平準書》：「吳，諸侯也，以即山鑄錢，富埒天子，其後卒以叛逆。鄧通，大夫也，以鑄錢財過王者。故吳、鄧錢布天下，而鑄錢之禁生焉。」

矣，銅使之然，故銅布於下，其禍博矣。

賈誼認爲人民盜鑄的原因，主要是「銅」取得容易，所以政府若欲根絕盜鑄，必須控制人民鑄錢原料的取得，將銅收歸國有，如此方能徹底杜絕盜鑄的根源，恢復禁鑄之事方勢有所可爲，故爲了推行其主張，賈誼於《新書・銅布》篇中說明了「銅」歸國有後，有「七福」之事可致來支持他的看法。

首先是政府可以減少刑措，達到不擾民「約法省刑」之目的，「上收銅勿令布下，則民不鑄錢，黥罪不積，一。」其次，銅歸國有，鑄錢權能由政府掌握，並確立「法錢」標準，減少紛爭，「銅不布下，則僞錢不繁，民不相疑，二。」再者，可以勸民歸農，「銅不布下，不得採銅，不得鑄錢，則民反耕田矣，三。」第四，能調節幣值之重量與數量，維持幣值標準，達到平穩物價之功能，「銅不布下，畢歸於上，上挾銅績，以御輕重，錢輕則以術斂之，錢重則以散之，則錢必治，貨物必平矣，四。」第五，可用以鑄兵器，並以作爲貴賤賞罰的憑資，「挾銅之積，以鑄兵器，以假貴臣，小大多少，各有制度，以別貴賤，以差上下，則等級分明矣，五。」第六，充實國家收支與財政，控制經貿，抑制不肖商賈和姦僞之民，「挾銅之積，以臨萬貨，以調盈虛，以收倍羨，則官必富，而末民困矣，六。」第七，富強國力，對抗匈奴，「挾銅之積，制吾棄財，以與匈奴逐爭其民，則敵必壞矣。」

賈誼此「七福」之事的內容，包括了漢初當時政治、經濟與外患上的各種問題，賈誼認爲政府將「銅歸國有」後，不僅有此「七福」之事可致，並能將「銅布於下」所產生之「三禍」，「因禍爲福，轉敗爲功」（《新書・銅布》），由此而解決當前政府所面臨的這些問題，故賈誼主張爲此「七福」之事，政府應將「銅歸國有」並恢復「禁鑄」令。

綜觀賈誼之經濟思想，漢初在黃老放任政策下，由於政府之政策過於寬疏，表面上國家實施了許多惠民措施，社會是「民務稼穡，衣食滋殖」（《漢書・高后紀》）一片安定繁榮景象，但實際上在土地私有制與商業的興盛下，土地和資財大多集中在富賈豪族手中，政府之「重農」政策與惠民措施，不僅未改善人民生活，而且在私稅和各種公稅賦役的繁重情形下，使得一般農民與佃傭者必須遭受兼并與剝削的生活威脅，故人民則因生活困難多背本趨末，所以政府的惠民措施，反而造成社會貧富的差距與對立，影響所至而致使社會風氣與秩序遭受破壞。而賈誼自國家「富民備患」和「正風辨序」的理由，提出他「蓄積」、「戒奢」之「重農抑商」思想，爲的是解決政府因經

濟政策之疏闊，所產生之人民「背本趨末」與「糧食不足」、「奢靡無制」等
社會現象，但實際上由賈誼的主張來看，賈誼所提出的經濟政策並未能針對
漢初商業勃興與土地兼并現象提出具體辦法，以解決經濟問題之癥結。至於
「放鑄」問題方面，賈誼於「禁鑄」主張下，提出所謂「三禍七福」之事，
指出政府應將「銅歸國有」控制鑄造原料，實施銅禁政策，以達到遏止民間
私鑄之風氣，然而賈誼這種「挾銅禁鑄」政策，政府雖能掌控與壟斷貨幣材
料，但是在政府法錢不立與姦鑄巨利的情形下，民間私鑄者仍可以熔銷官幣
或其它銅器作為鑄材，故禁鑄之事仍是防不勝防。〔註23〕

〔註23〕蕭清認為，賈誼在其重農思想下提出「禁鑄」主張，把貨幣看作國家干預經
　　　　濟及民事的工具，這是使得貨幣成為保護農業，為國家「重農抑商」政策服
　　　　務之工具。參見氏著《中國古代貨幣思想》第二章兩漢貨幣思想，臺北，台
　　　　灣商務，1992 年，頁 71～72。

第六章　匈奴政策

第一節　漢初與匈奴關係的探討（高祖至文帝）

一、匈奴之生活習性與社會組織

　　漢初所遭受之外患主要來自北方之匈奴，漢初建國，帝國版圖北接匈奴，南有百越，西臨羌族，東北與朝鮮接壤。南越王尉佗及閩越、東越諸王，高祖、呂后時已先後臣服受封於中國。朝鮮則孝惠、高后時，與遼東太守約爲外臣，共保塞外蠻夷，無使盜邊，至武帝元封二年時方叛中國。而西方之羌族與西域諸國，其時雖役屬於匈奴，然不與中國爲敵。故西漢時期，中國最大的外患主要爲來自於北方之匈奴。〔註1〕

　　匈奴之族稱，據《史記‧匈奴列傳》載：「匈奴其先祖夏后氏之苗裔也，曰：淳維。」索隱云：

> 張晏曰：「淳維以殷時奔北邊。」又樂彥《括地譜》云：「夏傑無道，湯放之鳴條三年而死，其子獯粥妻桀之眾妾，避居北野，隨畜移徙，中國謂之匈奴。」

索隱又云：

> 應劭《風俗通》曰：「殷時曰：『獯粥』，改曰：『匈奴』。」又晉灼云：「堯時曰：『葷粥』。周曰：『獫狁』。秦曰：『匈奴』。」韋昭云：「漢

〔註1〕 百越、朝鮮、西域諸國與漢初之關係，參見《漢書》卷九十五〈西南夷兩粵朝鮮列傳〉及卷九十六〈西域傳〉

曰：『匈奴』，『葷粥』其別名。」則淳維是其始祖，蓋與葷粥是一也。由此可知，「匈奴」之名在秦漢之前，中國對其稱謂並不一致，而自《史記》作「匈奴」稱謂後，「匈奴」一詞始成定稱。〔註2〕而匈奴一族之種屬源流，《史記》言其爲「夏后氏之苗裔也」，謂匈奴先祖與漢爲同祖，此點參之《史記‧五帝本紀》所云：

> 黃帝者，少典之子，姓公孫，名軒轅。……東至于海，登丸山。西
> 至于空桐，登雞頭。南至于江，登熊湘。北逐葷粥，合符釜山，……

「葷粥」《史記》索隱曰：「匈奴之別名也。」黃帝時即曾北逐匈奴，可見匈奴與黃帝乃爲同時代之兩民族，是不可能爲黃帝之後代夏后氏之苗裔，所以《史記‧匈奴列傳》言：「匈奴其先祖夏后氏之苗裔也，曰：淳維。」一語，顯然書中之判定尚有待查考，但我們由《史記‧五帝本紀》中，可以確知的是匈奴當是與中國文化截然不同的一個平行民族。〔註3〕至於匈奴之生活習性，《史記‧匈奴列傳》描述云：

> 居於北蠻，隨畜牧而轉移，其畜之所多則馬、牛、羊，其其畜則橐駝、
> 驢驘、駃騠、駒騄、騨，逐水草遷徙，毋城郭常處耕田之業，然亦各
> 有分地，毋言書，以言語爲約束。兒能騎羊引弓射鳥鼠，少長則射狐
> 兔爲食，士能彎弓盡爲甲騎，其俗，寬則隨畜因射獵禽獸爲生業，急
> 則人習戰攻以侵伐，其天性也。其長兵則弓矢，短兵則刀鋋，利則進，
> 不利則退，不羞遁走，苟利所在，不知禮義。自君王以下，咸食畜肉，
> 衣其皮革，被旃裘，壯者食肥美，老者食其餘，貴健壯，賤老弱。父
> 死，妻其後母，兄弟死，皆取其妻妻之，其俗有名不諱，而無姓字。

由於自然環境之使然，匈奴的生活習性是逐水草遷徙，因習於攻戰掠奪，所以其俗尚功利，「貴健壯，賤老弱」，而爲保其種姓不失，「父死，妻其後母，兄弟死，皆取其妻妻之。」故匈奴之文化與漢民族的耕稼農業、愛好平和、崇尚禮義乃截然不同。

由於生活習性與文化上的相異，因此在社會、軍事和政治組織上，漢、

〔註2〕 「匈奴」一語原爲匈奴語中「人」之意，而「匈奴」之名在中國未爲定稱之
　　　　前，其稱謂至少有三十多種之多，關於其詳細的論說考正參見劉學銚《匈奴
　　　　史論》第一章，壹、匈奴之名稱與意義，臺北，南天書局，1987年。
〔註3〕 匈奴與漢族非爲同祖，或言其爲「突厥種」、或「蒙古種」、或「芬族」、或「斯
　　　　拉夫種」，其族源之論辯考正，詳見劉學銚《匈奴史論》第一章，貳、匈奴之
　　　　種屬，同前註2，頁9～25。

匈之間亦有著截然的差別。匈奴自其祖先淳維傳至頭曼單于，已有一千多年的歷史，至冒頓爲單于時匈奴最爲強大，官制和軍事組織亦發展健全，《史記‧匈奴列傳》云：

> 自淳維以至頭曼，千有餘歲，時大時小，別離分散尚矣。其世傳不可得而次云然，至冒頓而匈奴最彊大，盡服從北夷而南與中國爲敵國，其世傳官號，乃可得而記云。

匈奴基本上將其領土分爲三大部份，以單于庭爲發號施令之行政中心，其王庭範圍一直延伸到代郡、雲中郡，直轄著漠南最好的牧場，下分左、右賢王，分別統領著國域中之其它兩個地區，其下又分左、右谷蠡王，左、右大將軍，左、右大都尉，左、右大當戶，左、右骨都侯，《史記‧匈奴列傳》云：

> 自如左右賢以下至當戶，大者萬騎，小者數千，凡二十四長，立號曰萬騎，諸大臣皆世官。呼衍氏、蘭氏，其後有須卜氏，此三姓其貴種也。諸左方將居東方，直上谷，以往者東接穢貉、朝鮮。右方將居西方，直上郡以西。接月氏、氐、羌。而單于之庭直代、雲中。各有分地，逐水草而移徙。而左右賢王、左右谷蠡王最爲大國，左右骨都侯輔政。諸二十四長亦各自置千長、百長、什長，禪小王、相封、都尉、當戶、且渠之屬。

由《史記》之敘述可知，匈奴的行政制度與其軍事組織之間是並無區別，採取軍政合一制。而匈奴法律規定，凡意圖殺人者，拔刀出鞘一尺，即叛以死刑；偷盜者，家產充公；犯罪，輕者軋刑，重者死刑；服刑坐監，不超過十日，因匈奴法律嚴明，故一國囚犯不過數人而已。每年正月，匈奴諸酋長會於單于庭祭祠，五月則大會於宗教聖地龍城，殺白馬祭其天、地、鬼、神以祈求生活平安與牲畜繁殖，並舉行各種競技、賽馬、鬥獸等活動，而單于也利用此機會召開部落與國事會議，調解各種糾紛或決定軍事行動的各項事宜。由匈奴的生活習性與政治、軍事組織來看，每一遊牧單位猶如一小型社會，其遊牧的生活方式與軍政合一的社會組織，可使得部落中的成年人在極短的時間內組成一支快速之騎射軍隊，而因氣候的變遷，部落必須作不定點的移動，且生活的艱困也使他們鍛鍊出強韌的民族性。〔註4〕

〔註4〕關於匈奴之生活、習性、信仰、法律、政治以及軍事組織之情形，參見《史記‧匈奴列傳》卷一百十，及劉學銚《匈奴史論》第二章匈奴早期事略，同前註2，頁49～73。

　　從三代以來，匈奴長期爲中國北方最大之外患，而漢、匈之間的對峙、衝突，亦即耕稼民族與游牧部落，兩種不同文化之間的對抗。由於生活習性和地理氣候等因素，匈奴對於中原領土並無太大的野心，《史記・匈奴列傳》載高祖困平城時，單于闕氏曾言冒頓云：「兩主不相困，今得漢地，非可居也。」匈奴侵漢即非爲土地，那麼匈奴之目的爲何呢？匈奴與漢族之間的戰爭，主要出於匈奴對漢地經濟物資的覬覦。〔註5〕由於匈奴之生活型態和地理、氣候等自然因素，限制了他們的行動，使其經濟完全建立在游牧方式上，因此各部落間的物產大致相同，所以匈奴之對內貿易不易，但是對外的貿易則屬必須，他們常與中亞、中國等地區進行貿易，以便得到穀類、布匹等之其它的生活物資，一旦對外交易發生阻礙，他們只有以戰爭掠奪的方式來達到其目的，漢、匈之間的衝突原因即在於此。而匈奴這種掠奪性之經濟侵掠，我們可從《史記・匈奴列傳》中所記載之匈奴戰鬥方式，得到進一步了解：

> 其攻戰，斬首虜，賜一卮酒，而所得鹵獲，因以予之，得人以爲奴
> 婢，故其戰人人自爲趣利，善爲誘兵以冒敵，故其見敵，則逐利如
> 鳥之集，其困敗，則瓦解雲散矣。戰而扶輿死者，盡得死者家財。

由於匈奴出戰多在略奪不在拼命，「利則進，不利則退，不羞遁走，苟利所在，不知禮義。」故與敵交戰，「其見敵則逐利如鳥之集，其困敗則瓦解雲散矣。」而匈奴這種因生活習性與自然環境之限制，所引起對漢地經物質需求的侵略，可以說實際上是耕稼民族與游牧部落，兩種不同文化之間的衝突對抗。〔註6〕

二、漢朝的「和親獻賂」政策

　　匈奴對中國邊境的侵掠，至秦代時因秦始皇統一天下，中國內政鞏固，國勢正強，秦始皇爲了徹底解決長期以來匈奴寇邊的邊患問題，一方面亦受方士「亡秦者胡」一語的影響，故盡其餘力去擴張國防，但秦始皇對於匈奴

〔註5〕 匈奴自冒頓單于至軍臣單于在爲八十年間，匈奴人並無饑寒交迫的威脅，所以匈奴南下侵漢的目地多不在土地，而在於覬覦漢地財物和掠奪人民爲奴隸，參見張瑞仕《匈奴汗國的末日》第一章亞洲兩大帝國的對峙，臺北，星光出版社，1979年，頁5～6。

〔註6〕 對於匈奴和漢民族之間在生活型態、性格習俗、經濟資源、國防形勢之對峙之主要原因，以及兩者間的比較，參看賴明德〈匈奴勢力和漢民族之政治的消長〉五、匈奴和漢民族對峙衝突的主因，《國文學報》7期，民國69年6月，頁129～131，以及傅樂治〈漢匈戰爭與自然環境的關係〉（三）漢匈優劣點的比較，頁372～373。

所採取的政策卻是一種消極的防禦辦法，惟有築長城以防備其侵擾而已，並無採取任何積極的進攻方式，《史記·匈奴列傳》云：

> 秦滅六國，而始皇帝使蒙恬將十萬之眾北擊胡，悉收河南地，因河為塞，築四十四縣城，臨河徙適戍以充之，而通直道，自九原至雲陽，因邊山、險塹、谿谷，可繕者治之，起臨洮至遼東，萬餘里，又度河據陽山，北假中。

《史記·蒙恬列傳》亦云：

> 乃使蒙恬將三十萬眾，北逐戎狄，收河南，因地形，用險制塞，起臨洮，至遼東，延袤萬餘里，於是渡河據陽山，逶蛇而北。

秦代於國勢正強時，秦始皇未深入匈奴的中心將其一舉殲滅，反而對匈奴採取守勢，他將匈奴的勢力逐出一定範圍之後便不再繼續進勦。秦始皇死後，匈奴得乘中國天下大亂與內政分崩時又乘虛入侵，《史記·匈奴列傳》云：「頭曼不勝秦，北徙。十餘年而蒙恬死，諸侯叛秦，中國擾亂，諸秦所徙適戍邊者皆復去，於是匈奴得寬，復稍度河南，與中國界於故塞。」頭曼單于時匈奴因怵於秦不敢南犯，不久冒頓弒其父頭曼自立為單于，冒頓雄才大略，其破東胡，西擊月氏，南并樓煩、白羊，侵燕、代，收復了秦時為蒙恬所奪的匈奴土地，而當時中國正值楚漢相爭之時，所以冒頓得以乘機不斷擴大，控弦之士多達三十萬之眾，把匈奴國勢推向了空前的高峰，後又盡服北夷諸國，隔著朝那、膚施與漢為界，開始與中國對峙。〔註7〕

漢高祖六年，韓信與匈奴合謀，導致「白登之圍」事件，高祖困於平城之白登山，事後高祖雖依劉敬之議與匈奴結和親之約，匈奴仍復往侵盜襲擊漢邊，而漢徒以「和親」政策牽制匈奴而已，故王夫之《讀通鑑論》云：「中國夷狄之禍，自冒頓始。冒頓之闌入句注、保太原，自韓王信始。」（卷二〈漢高帝〉）韓信之後，接著又有陳豨和燕王盧綰的反叛，《漢書·韓彭英盧吳傳》云：

> 豨者，宛句人也，不知始所以得從，及韓王信反入匈奴，上至平城還，豨以郎中封列侯，以趙相國將監趙、代邊，邊兵皆屬焉。……漢十年秋，太上皇崩，上因是召豨，豨稱病，遂與王黃等反，自立為代王，……上自擊豨，……豨使王黃求救匈奴。綰亦使其臣張勝使匈奴，……勝至胡，故燕王臧荼子衍壬在胡，見勝曰：「公所以重於燕者，以習胡事也。燕所以久存者，以諸侯數反，兵連不絕也。

〔註7〕　參見《史記·匈奴列傳》卷一百十。

> 今公爲燕欲急滅豨等，豨等已盡，次亦及燕，公等亦且爲虜矣。公
> 何不令燕且緩豨，而與胡連和？事寬，得長王燕，即有漢急，可以
> 安國。」勝以爲然，乃私令匈奴兵擊燕。綰疑勝與胡反，上書請族
> 勝，勝還報，具道所以爲者，綰寤，……使得爲匈奴間。……使樊
> 噲擊綰，綰悉將其宮人家屬、騎數千，居長城下侯伺，……高祖崩
> 綰遂將其眾亡入匈奴，匈奴以爲東胡盧王。

陳豨、盧綰皆爲漢初開國功臣，因見忌於高祖，相率與匈奴聯合而合謀叛漢，此時正逢漢高祖誅伐異己之際，異姓諸王爲求自保紛紛謀反，他們兵敗後則亡入匈奴，多復與匈奴侵盜漢邊，如《漢書·韓王信傳》：「平城歸後，信爲匈奴騎兵，往來擊邊。」《史記·匈奴列傳》云：「是時匈奴以漢將眾往降，故冒頓常往來侵盜代地，於是漢患之。」於是匈奴遂成爲漢初政治和邊境上的大患。

漢高祖之對應辦法是，一方面誅殺異姓功臣，迅速撲滅國內的叛亂，一方面以劉敬「和親獻賂」之策牽制匈奴，《史記·匈奴列傳》：

> 奉宗室女公主，爲單于閼氏，歲奉匈奴絮、繒、酒、米食物各有數，
> 約爲昆弟以和親。

《史記·劉敬叔、孫通列傳》亦云：

> 誠能以適長公主妻之，厚奉遺之，彼知漢適女送厚，蠻夷必慕以爲
> 閼氏，生子必爲太子代單于，何者？貪漢重幣。陛下以歲時漢所餘，
> 彼所鮮，數問遺，因使辯士風諭以禮節，冒頓在，固爲子婿，死則
> 外孫爲單于，豈嘗聞外孫敢與大父抗禮者哉。

漢朝「和親獻賂」之策，主要是企圖以「通婚」和「漢所餘，彼所鮮，數問遺。」之「厚奉遺之」的「獻賂」方式，來改變漢、匈之間的敵對關係，緩和匈奴對漢邊境的侵擾。另外，亦並採取劉敬之諫議行「彊本弱末」之術，充實中央與邊防之力，以杜絕匈奴與諸侯王的侵擾叛亂，《史記·劉敬叔、孫通列傳》云：

> 匈奴河南白羊、樓煩王，去長安近者七百里，輕騎一日一夜可以至
> 秦中，秦中新破，少民，地肥饒，可益實。夫諸侯初起時，非齊諸
> 田、楚昭屈景，莫能興，今陛下雖都關中，實少人，比近胡寇，東
> 有六國之族宗彊，一日有變，陛下亦未得高枕而臥也。臣願陛下徙
> 齊諸田、楚昭屈、景、燕、趙、韓、魏後，及豪傑名家居關中，無
> 事可以備胡，諸侯有變，亦足率以東伐，此彊本弱末之術也。

而漢朝對匈奴的「和親獻賂」政策，結果如何呢？班固對此曾言：

> 昔和親之論，發於劉敬，是時天下初定，新遭平城之難，故從其言，
> 約結和親，賂遺單于，冀以救安邊境。孝惠、高后時遵而不違，匈
> 奴寇盜不爲衰止，而單于反加驕倨。逮至孝文，與通關市，妻以漢
> 女，增厚其賂，歲以千金，而匈奴數背約束，邊境屢被其害。……
> 此則和親無益，已然之明效也。(《漢書・匈奴傳上》)

漢朝的和親政策班固雖認爲未能收效，但漢朝每年隨著「和親」所獻之厚遺，《史記・匈奴列傳》云：「冒頓乃少止」，卻也使得邊境能穫得短暫的和平，故「和親獻賂」政策後來則成爲漢朝周旋匈奴，以救安邊境的主要外交手段。〔註8〕

漢朝對匈奴之「和親」政策在匈奴中引起了效應，即匈奴漸漸喜嗜漢之財物。漢初，高祖所以採取「和親獻賂」政策牽制匈奴，主要是因爲漢朝深知匈奴掠邊入寇的因素多在於奪取經濟物資，但隨著漢、匈之間不斷的接觸，匈奴在漢朝頻繁的「和親獻賂」之下，匈奴逐漸喜好漢物，而且隨著時代的進展，匈奴需要對外貿易以補充生活資源的欲求也逐次增加，漢朝這種每年「和親獻賂」的方式並不能滿足匈奴所須，因爲這類無償的獻貢、給遺，數量畢竟有限，其所代表的實際經濟意義並不大，及至文帝時開放關市，准許與匈奴作經濟交易，漢地之物資財貨開始大量的流入匈奴，匈奴遂普遍喜嗜漢物，仰賴漢物了。而匈奴對漢地物資之需求大增後，亦致使匈奴對漢地物資的覬覦漸增，文帝時老上單于初即位，中行說即曾於單于庭中告與漢使，教漢朝多備精美貢物，以滿足匈奴單于對漢物的需求，《史記・匈奴列傳》云：「中行說輒曰，漢使無多言，顧漢所輸匈奴繒、絮，米、糵，令其量中，必善美而已矣，何以言乎。且所給備善則已，不備，苦惡，則侯秋孰，以騎弛蹂而稼穡耳。」而中行說降於匈奴，見匈奴人眾好漢所遺之繒、絮、食物，恐匈奴增加對漢之依賴性而有「漢化」之可能，遂言老上單于云：

> 中行說曰：「匈奴人眾，不能當漢之一郡，然所以彊者，以衣食異，
> 無仰於漢也，今單于變俗好漢物，漢物不過十二，則匈奴盡歸於漢矣。」
> 其得漢繒絮，以馳草棘中，衣褲皆裂敝，以示不如旃裘之完善也，得
> 漢食物皆去之，以示不如重酪之便美也。(《史記・匈奴列傳》)

〔註8〕　漢朝對匈奴之和親，在高后、惠帝、文帝時分別以宗室女爲公主嫁予匈奴單于，《史記・匈奴列傳》：「漢初定，故匈奴以驕，冒頓乃爲書遺高后妄言，高后欲擊之，諸將曰：『以高帝賢武，然尚困於平城。』於是高后乃止，復與匈奴和親。」《漢書・惠帝紀》：「惠帝三年，以宗室女爲公主，嫁匈奴單于。」《漢書・匈奴傳上》：「老上單于初立，文帝復遣宗人女翁主爲單于閼氏。」

中行說意欲阻止匈奴人在生活習尚上日趨漢化，然中行說所教於單于者又不外「左右疏記，以計課其人眾畜物。」（《史記·匈奴列傳》）等之漢字、漢法之漢式文化，反而促使匈奴更普遍仰賴漢物。〔註9〕

而匈奴自單于以下對漢物的喜愛與仰賴，漢朝庭當然也深知，文帝在遺匈奴書中就曾提到，「漢與匈奴鄰敵之國，匈奴處北地寒，殺氣早降，故詔使遺單于秫、檗，今、帛、絲、絮佗物，歲有數。」（《史記·匈奴列傳》）所以漢朝此時也開始注意利用匈奴對漢物的渴求，來加強對對匈奴的控制。文帝時匈奴之右賢王與漢之邊吏發生衝突時，單于不欲開啟邊釁而罰右賢王使擊月氏，其原因即在於不願破壞漢朝因「和親獻賂」與「互市」所帶來的這種經濟利益，〔註10〕故終文、景之時，漢朝始終採取以「和親獻賂」與經濟互利的方式來暫緩匈奴的侵盜，《史記·匈奴列傳》云：「復與匈奴和親，通關市，給遺匈奴，遣公主如故約，終孝景時，時小入盜邊，無大寇。」

綜覈前文，由於自然環境的關係，使得漢、匈兩民族在生活與文化上有著截然不同的型態，而匈奴國勢的壯大，使其對生活物資的需求漸增，而產生對外的擴張，以故匈奴不斷的侵盜漢邊，使漢、匈之間在國防形勢上產生對立，而漢政府雖採取「和親獻賂」政策來暫救邊疆之急，但畢竟不能維持長久和平。至文帝時，政府在和親政策下，開放關市與匈奴貿易，如此使得本已喜嗜漢物的匈奴更普遍的仰賴漢物，而匈奴這種對於漢物的喜好與仰賴之侵邊動機，正是賈誼所以向文帝提出的匈奴政策中其「五餌」之策的根據。

第二節　賈誼的匈奴政策

一、漢尊匈卑

漢初政府雖以「和親獻賂」政策對付匈奴，但是親政策效果並不大，而

〔註9〕 從《史記·匈奴列傳》所載，匈奴本「毋文書，以言語為約束。」然以《史記》所載匈奴以漢字覆皇帝之書信，及至中行說入匈奴後「教單于左右疏記，以計課其人眾畜物。」等事來看，中行說入匈奴前後，匈奴彼時「漢化」已深，喜嗜仰賴漢物已不可免，參見劉學銚《匈奴史論》第二章匈奴早期事略，同前註2，頁63～66。

〔註10〕 據《史記·匈奴列傳》載，武帝時「匈奴絕和親，攻當塞路，往往入盜於漢邊，不可勝數，然匈奴貪，尚樂關市，嗜漢財物，漢亦尚關市，不絕以中之。」可見匈奴對於關市的實際經濟需求，才是使得「和親」得以作為維持兩國和平共處之表面原因。

朝庭未選擇以武力方式圍勦匈奴，主要是當時以漢初之國力情況而言，若深入圍勦匈奴所須耗費之人力物力過巨，國家實無法承擔，〔註 11〕《漢書・季布，欒布，田叔傳》：

> 孝惠時，為中郎將，單于嘗為書面嫚呂后，太后怒。上將軍樊噲曰：
> 臣願得十萬眾，橫行匈奴中。」諸將皆阿呂后，以噲言為然。布曰：
> 「噲可斬也，夫以高帝兵三十餘萬，困於平城，噲時亦在其中。今
> 噲奈何以十萬眾橫行匈奴中，面謾！且秦以事胡，陳勝等起，今瘡
> 痍未平，噲又面諛，欲動搖天下。」是時殿上皆恐，太后罷朝，遂
> 不復議匈奴事。

季布以今中國「瘡痍未平」，國力不足以抵抗匈奴，而阻止朝廷用兵匈奴之議，足見漢初因國力不足只好對匈奴「戒兵」，採取容忍之態度。且匈奴逐水草而居不固定於某一領域，流動性強，實不易以武力制之，《漢書・韓安國傳》云：

> 匈奴，輕疾悍亟之兵也，至如猋風，去如收電，畜牧為業，弧弓射
> 獵，逐獸隨草，居處無常，難得而制。

《漢書・主父偃傳》亦載：

> 夫匈奴，無城廓之居，委積之守，遷徙鳥舉，難得而制，輕兵深入，
> 糧食必絕，踵糧以行，重不及事，得其地不足以為利，得其民不可
> 調而守也。

匈奴善騎射，來去迅速，彼去我來，我來彼去，漢軍在疲於奔命下，必為匈奴所乘。另方面，漢政府亦因高祖平城「白登之圍」而有恐懼匈奴之心，不願輕易發兵。如白登之役後，高祖曾封其兄劉仲為代王，匈奴攻代，劉仲因懼匈奴，不能堅守，遂棄封自歸，高祖乃改封其子如意為代王，然雖受封但不就國。〔註 12〕故在主、客觀的情勢之下，漢朝如何掌握匈奴居不定點的行蹤，及培養國力與士氣以克服恐匈心理，正是漢朝對付匈奴時所必須克服的最大問題。

　　漢初政府雖選擇了「和親」的求全策略應付匈奴問題，不過朝野人士對此問題都提出過不同的見解與主張，從高祖至文帝之間，先後進言者有高祖

〔註11〕 薩孟武先生認為兩國長期交戰，其成敗全視那一方財政之充足，所以中國於是發明了屯田政策，無事耕田，有事荷戈，而漢朝對付匈奴的困難與成敗因素亦在於此，參見氏著《中國社會政治史》（一）第三章、第四節民族的發展，臺北，三民書局，1988 年，頁 165～178。

〔註12〕 參見《漢書・荊燕吳傳》卷三十五。

時之劉敬，呂后時之樊噲、季布，孝文時之賈誼、晁錯，根據班固的說法，我們將之分為「和親」與「征伐」兩科，劉敬的主張如前文所言，他提出了「和親獻賂」與「彊本弱末」兩點，而樊噲、季布兩人的看法，並無任何具體主張，〔註13〕真正對漢、匈之問題提出具體分析與建議者，首倡於賈誼，其後則有晁錯。賈誼對匈奴的看法集中於《新書》〈解縣〉、〈威不信〉、〈匈奴〉、〈勢卑〉等四篇中，〈匈奴〉篇為賈誼對匈奴問題的具體主張，其餘三篇為其對漢、匈對峙時局之看法，而在敘述賈誼的對匈政策之前，我們必須先了解他對匈奴國勢上的見解。

賈誼對於漢、匈問題的看法，是出自於他對匈奴國勢的臆測，賈誼在〈勢卑〉篇云：「臣竊料匈奴之眾，不過漢一千石大縣。」又〈匈奴〉篇云：「竊料匈奴控弦，大率六萬騎，五口而出介卒一人，五六三十，此即戶口三十萬耳，未及漢千石大縣也。」賈誼認為匈奴人口不過漢之一千石大縣，而其能戰之士大率六萬騎，因此賈誼認為「以天下之大，而困於一縣之小，甚竊為執事羞之。」「夫胡人於古，小諸侯所銍權而服也，奚宜敢悍弱此。」（《新書・勢卑》）

而對匈奴國勢的認知，賈誼認為漢朝對匈奴的「歲言侵盜」（《新書・匈奴》）不加以撻伐，反而每年「歲致金絮繒綵」（《新書・勢卑》），無疑的是向匈奴稱臣獻貢，〈勢卑〉言：

> 匈奴侵甚侮甚，遇天子至不敬也，為天下患至無已也。以漢而歲致
> 金絮繒綵，是入貢職於蠻夷也，顧為戎人諸侯也。勢既卑辱，而禍
> 且不息，長此何窮，陛下胡忍，以帝皇之號特居此。

賈誼認為漢朝對匈奴之「歲致金絮繒綵」的做法是「為戎人諸侯也」，從形勢上來看，他認為這是「勢卑」，並對此大加抨擊，「陛下胡忍，以帝皇之號特居此。」他在《新書・解縣》與〈威不信〉篇中，並將漢、匈之間的這種形勢關係，比喻為人之「倒縣」，《新書・解縣》云：

> 天下之勢方倒縣，竊願陛下省之也。凡天子者，天下之首也，何也
> 上也，蠻夷者，天下之足也，何也下也。蠻夷徵令，是主少之操也，
> 天子共貢，是臣下之禮也，足反居上，首顧居下，是倒縣之勢也。

《新書・威不信》：

> 今陛下杖九州，而不行於匈奴，竊為陛下不足。且事有甚逆者焉，
> 天子者，天下之首也，何也上也，蠻夷者，天下之足也，何也下也。

〔註13〕參見《漢書・匈奴列傳上》卷九十四。

　　　　蠻夷徵令，是主上之操也，天子共貢，是臣下之禮也，足反居上，

　　　　首顧居下，是倒植之勢也。

賈誼這種「倒縣」的比論，主要是他認爲漢、匈之間的關係應該是「漢尊匈
卑」，「天子者，天下之首也，何也上也，蠻夷者，天下之足也，何也下也。
蠻夷徵令，是主上之操也，天子共貢，是臣下之禮也。」賈誼認爲漢朝對匈
奴之「和親獻略」類似君臣關係上的顛倒，他認爲漢、匈之間的關係是「足
上首下」，故將它比喻爲「倒縣」，賈誼這種說法，很明顯的是其政治上「君
尊臣卑」之階級主張的投影。此外，在《新書・解縣》篇中，賈誼並進一步
將匈奴不斷侵盜漢邊的情形，稱之爲「躄人之痱」，《新書・解縣》云：

　　　　非特倒縣而已也，又類躄且病痱，夫躄者一面病，痱者一方痛，今

　　　　西郡北郡，雖有長爵，不輕得復，五尺已上，不得輕息，苦甚矣。

　　　　中地左戌，延行數千里，糧食餽饟，至難也。斥侯者，望烽燧而不

　　　　敢臥，將吏戌者，或介胄而睡，而匈奴欺侮侵掠，未知息時。於焉！

　　　　望信威廣德，難。臣故曰：「一方病矣」。

賈誼以「躄人之痱」來比喻當時漢邊的匈奴之患，謂：「躄者一面病，痱者
一方痛。」可以想見當時匈奴侵邊帶給漢朝的嚴重困窘，而由於漢、匈之間
的這種局勢，使得賈誼於《新書・勢卑》中感嘆：「勢既卑辱，而禍且不息，
長此何窮。」

　　賈誼所以對漢、匈問題如此深切痛責，主要是因當時匈奴對漢邊的侵掠，
以呂后、文帝時最爲頻繁與嚴重，〔註14〕尤其文帝十四年時，《史記・匈奴列
傳》載：

　　　　匈奴單于十四萬騎入朝那蕭關，殺北地都尉卬，虜人民畜產甚

　　　　多。……於是文帝……大發騎往擊胡，單于留塞內，月餘乃去，漢

　　　　逐出塞即還，不能有所殺，匈奴日以驕，歲入邊，殺略人民畜產甚

　　　　多，雲中遼東最甚，至代，郡萬餘人，漢患之。

匈奴如此放肆侵略，以故漢之戍邊將吏，「雖有長爵，不輕得復，五尺已上，
不得輕息。」且「斥侯者，望烽燧而不敢臥，將吏戌者，或介胄而睡。」由
於匈奴屢侵漢邊，因此，賈誼亟力建議文帝能對匈奴問題應採取具體辦法，《新

〔註14〕從高祖至文、景二帝期間，匈奴對漢邊的侵盜情形與次數，可參考薩孟武《中
　　　　國社會政治史》（一）第三章、第四節民族的發展，同前註11，頁169之「武
　　　　帝以前匈奴爲患中國表」。

書・匈奴》云：

> 竊聞匈奴當今逐盈贏，此其示武昧利之時也，而隆義渠東胡諸國，
> 又頗來降，以臣之愚，匈奴且動，疑將一材，而出奇厚，贅以責漢，
> 不大興不已。旁午走急，數十萬之眾，積於北方，天下安得食而饋
> 之。臨事而重困，則難為工矣，陛下何不早蚤圖。

賈誼認為匈奴在乘其征服北方諸國之餘威下，對漢必有大規模之侵略行動，故他亟力建議文帝及早定出具體之禦匈辦法，以免「臨事而重困」。

由賈誼《新書・解縣》、〈威不信〉、〈勢卑〉三篇中對漢、匈局勢的分析和看法，我們可以了解賈誼的對匈奴問題的態度是激憤而積極的，「夫胡人於古，小諸侯所銍權而服也，奚宜敢悍弱此。」(《新書・勢卑》)而他於文中所以反覆闡述其「漢尊匈卑」的論點，並言匈奴之國勢不敵漢朝的說法，主要目的是希望以此振奮朝庭士氣，改變文帝消極的對匈態度。

二、「三表」、「五餌」法

我們從賈誼對匈奴實力的臆測中可知，僅管賈誼的臆測多昧於實況不符實際，〔註15〕然而為了增加中國的信心，改變朝庭消極的對匈政策，賈誼鼓勵文帝採取積極的辦法，為此賈誼在《新書・匈奴》篇中，提出他個人的匈奴政策。賈誼所提出的匈奴政策，首先是要求文帝設立專職處理漢邊匈奴問題，《新書・匈奴》篇云：

> 為此立一官，置一吏，以主匈奴。誠能此者，雖以千石居之可也。

觀賈誼此言乃是大有以此自求進用之意，他於《新書・勢卑》中即云：「以臣為屬國之官以主匈奴，因幸臣之計，半歲之內休屠飯失其口矣，少假之閒，休屠繫頸，以草膝行，頓顙請歸陛下之義。」賈誼既有此「毛遂自薦」之企圖，故他對於匈奴問題，繼而擬出了一套具體的計劃，《新書・匈奴》篇云：「陛下何不使能者一試理此，將為陛下以耀蟬之術振之。」賈誼自稱其所擬之辦法為「耀蟬之術」，賈誼所謂的「耀蟬之術」，其具體內容包括了「三表」、「五餌」等法，「三表」法，據賈誼於《新書・匈奴》所云：

> 陛下有幸用臣之計，臣且以事勢諭天子之言，使匈奴大眾之信陛下

〔註15〕《史記・匈奴列傳》與《漢書・匈奴傳上》皆言：「控弦之士三十餘萬」《漢書・劉敬傳》更云：「當是時冒頓單于兵強，控弦四十萬騎。」則匈奴人口若以賈誼「五口而出介卒一人」之法計之，至少當有二百萬，此已超過漢千石大縣之數。

也。為通言耳，必行而弗易，夢中許人，覺且不背其信，陛下已諾，若日出之灼灼，故聞君一言，雖有微遠，其志不疑，仇讎之人，其心不殆，若此則信諭矣，所圖莫不行矣，一表。臣又且以事勢諭陛下之愛，令匈奴之自視也，苟胡面而戎狀者，其自以為見愛於天子也，猶弱子之遝慈母也，若此則愛諭矣，一表。臣又且諭陛下之好，令胡人之自視也，苟其技之所長與其所工，一可以當天子之意，若此則好諭矣，一表。愛人之狀，好人之技，人道信為大，操帝義也。

愛好有實，已若可期，十死一生，彼必將至，此謂三表。

即以德懷服匈奴，主張對匈奴諭之以「信」、「愛」、「好」三德，所謂「愛人之狀，好人之技，人道信為大。」賈誼之「三表」法對匈奴主要在於攻其志，以期收到「愛好有實，已若可期，十死一生，彼必將至。」之以誠信、仁愛、德義感化匈奴之目的。至於「五餌」法，則是主張以物欲聲色之誘，誘降匈奴，即以「五餌」誘收匈奴之心，達到弱化其國的目的，《新書‧匈奴》云：

陛下幸聽臣之計，則臣有餘財，匈奴之來者，家長以上，固必衣繡，家少者必衣文錦，將為銀車五乘，大雕畫之駕，四馬載綠蓋，從數騎，御驂乘，且雖單于之出入也，不輕都此矣，令匈奴降者，時時得此而賜之耳，一國聞之者見之者，希心而相告，人人冀幸，以為吾至，亦可以得此，將以壞其目，一餌。匈奴之使至者，若大降者也，大眾之聚也，上必有所召賜食焉，飯物故四五，盛美哉肉，具醢醯，方數尺於前，令一人坐此，胡人欲觀者，固百數在旁，得賜者之喜也，且笑且飯，味皆所嗜而所未嘗得也，令來者時時得此，而饗之耳，一國聞之者見之者，垂涎而相告人，悕憚其所自，以吾至亦將得此，將以此壞其口，一餌。降者之傑也，若使者至也，上必使人有所召客焉，令得召其知識，胡人之欲觀者，勿禁令，婦人傅白墨黑，繡衣而侍，其堂者二三十人，或薄或捒，為其胡戲以相飯，上使樂府幸假之但樂，吹簫、鼓鞀、倒挈面者更進，舞者蹈者，時作少間，擊鼓舞其偶人，昔時乃為戎樂，攜手胥彊，上客之後，婦人先後扶侍之者，固十餘人，使降者時或得此而樂之耳，一國聞之者見之者，希旴相告，人人忔忔，唯恐其後至也，將以此壞其耳，一餌。凡降者陛下之所召幸，若所以約致也，陛下必時有所富，必令此有高堂邃宇，善廚處，大囷京，廐有編馬，庫有陣車，奴婢諸嬰兒畜生具，令此時大具，召胡客饗胡使，

上幸令官助之，具假之樂，令此其居處，樂虞困京之畜，皆過其故，
王慮出其單于，或時時賜此而為家耳，匈奴一國傾心，而冀人人怋怋，
唯恐其後來至也，將以此壞其腹，一餌。於來降者，上必時時而有所
召幸，拊循而後得入官，夫胡大人難親也，若上於胡嬰兒及貴人子，
好可愛者，上必召幸，大數十人，為此繡衣好閑，且出則從，居則更
侍，上即饗胡人也，大觳抵也，客胡使也，力士武士固近侍旁，胡嬰
兒得近侍側，胡貴人更近得佐酒前，上乃幸自御此，薄使付酒錢，時
人偶之，為閒則出繡衣具帶服，賓餘時以賜之。上即幸拊胡嬰兒，撟
道之，戲弄之，乃授炙，幸自啗之，出好衣閑，且自為贛之。上起胡
嬰兒或前或後，胡貴人既得奉酒，出則服衣佩綬，貴人而立於前，令
數人得此而居耳。一國聞者見者，希旴而欲，人人怋怋，惟恐其後來
至也，將以此壞其心，一餌。

賈誼「五餌」之內容，乃是以「繡衣文錦，銀車雕畫之駕。」「召賜食物，盛美
菽肉。」「婦人傅白墨黑，繡衣而侍，但樂舞蹈。」「高堂邃宇，樂虞困京之畜，
皆過其故。」「於來降者，時時召幸拊循，於胡嬰兒及貴人子，出好衣閑，自為
贛之。」等等，精飾、佳饌、美樂、善居、示好五種誘餌來壞匈奴之慾。賈誼
此「五餌」之策是一種腐化政策，分別以「牽其目，牽其口，牽其耳，牽其腹，
四者已牽，又引其心。」來達到分化匈奴誘降其民的目的。〔註16〕

由賈誼「耀蟬之術」的內容可知，「耀蟬之術」的根據，是由其觀察匈奴
好漢之繒絮食物，即中行說警告單于「匈奴人眾，不能當漢之一郡，然所以
彊者，以衣食異，無仰於漢也，今單于變俗好漢物，漢物不過十二，則匈奴
盡歸於漢矣。」(《史記‧匈奴列傳》)之事實而來，而賈誼此種對匈主張，他
則於制定「三表」「五餌」之策時，於〈匈奴〉篇中陳述此為「戰德」：

臣聞，彊者戰智，王者戰義，帝者戰德，故湯祝網而漢陰降，舜舞干
羽而南蠻服。今漢帝中國也，宜以厚德懷服四夷，舉明義，博示遠方，
則舟車之所至，人力之所及，莫不為畜，又孰敢炎然不承帝意。

所謂「彊者戰智，王者戰義，帝者戰德。」在匈奴不過好漢物而侵邊之動機

〔註16〕賈誼此「五餌」之策其根據是出於《六韜》，《六韜‧三疑》云：「凡攻之道，
必先塞其明，而後攻其強，……淫之以色，啗之以利，養之以味，娛之以樂。」
參見薩孟武《中國社會政治史》第三章、第四節民族的發展，同前註11，頁
186～187。

下，賈誼不主張對匈奴用兵，而選擇以「以逸待勞」的「耀蟬之術」〔註17〕為方法，對匈奴「戰之以德」。從現實的立場來看，賈誼這種自觀察事實而主張以利誘為目的之儒家戰德政策，並非全然是一種書生之見。

職是之故，賈誼在提供「耀蟬之術」作為禦匈辦法之外，基於匈奴對漢物資的渴求，賈誼亦擬以漢、匈雙方的關市之設，企圖利用經濟腐化政策降服匈奴，《新書·匈奴》云：

> 夫關市者，固匈奴所犯滑而深求也，願上譴使厚與之和，以不得已，許之大市，使者反因於要險之所，多為鑿開，眾而延之，關吏卒使，足以自守。大每一關，屠沽者、賣飯食者、美炙膾者，每物各一二百人，則胡人著於長城下矣。是王將彊北之，必攻其王矣，以匈奴之飢，飯羹啗膾，炙多飲酒，此則亡可立而待也。賜大而愈飢，多財而愈困。漢者所希心而慕也，則匈奴貴人，以其千人至者，顯其二三，以其萬人至者，顯其十餘人，夫顯榮者，招民之機也，故遠期五歲，近期三年之內，匈奴亡矣，此謂德勝。

賈誼認為匈奴是「賜大而愈飢，多財而愈困」，故他主張以這種利誘的戰德方式來「不戰而屈人之兵」。總之，無論是「三表」「五餌」之「耀蟬之術」，或以關市利益腐化召降匈奴，賈誼的匈奴政策，基本上主要是建立在經濟利誘方式上，企圖以這種利誘腐化的方式德服匈奴。

然而賈誼這種經濟腐化的利誘政策，對於正在復蘇經濟中的漢初政府，無疑的將使國家面對無法負荷的財政困難，所以國家若無健全的經濟基礎或充足的財源，賈誼之其政策必成為空談，為此在賈誼在其匈奴政策中，為了解決這方面的財源支出，他則擬計了以吳王及淮南王兩國之財，作為支付其禦匈政策的經濟來源，《新書·匈奴》云：

> 或曰：「建三表，明五餌，盛資翁主禽敵國而后止，費至多也，惡得財用而足之。」對曰：「請無敢費御府銖金尺帛，然臣有餘資。」問曰：「何以」對曰：「國有二族方亂天下，甚於匈奴之為邊患也，使上下踏逆，天下篡貧，盜賊罪人蓄積無已，此二族為崇也。上去二族，弗使亂國，天下治富矣，臣賜二族，使崇匈奴，過足。」

〔註17〕所謂「耀蟬之術」，徐復觀云：「是童子以火光照蟬，使蟬因受到火光的炫耀而不能飛動，以便加以捕獲。」參見氏著《兩漢思想史》卷二〈賈誼思想的再發現〉，臺北，台灣學生書局，1993年，頁130。

吳與淮南二侯國之坐大不馴，為當時國家內政上之當急禍患，尤其吳王濞，《史記‧平準書》云：「吳，諸侯也，以即山鑄錢，富埒天子。」在這種國家外患甚迫而內憂未平的情形下，賈誼認為削此二國以備外禦匈奴之資，是「舉中國之禍從之匈奴」（《新書‧解縣》）可以盡其功於一役。然以文帝當時國家之政治與經濟情況而言，賈誼以利制服的「戰德」之術，是否能行於匈奴尚不可知，而賈誼又計以削淮南、吳兩國以為外患之資，如此恐怕漢之外患未平，干戈早已起於蕭牆之內。

　　觀賈誼之匈奴政策，由匈奴之生活習性與社會文化來看，《史記‧平津侯主父列傳》謂：「（匈奴）行盜侵驅所以為業也，天性固然。」王夫之《讀通鑑論》亦云：「人習攻戰以侵伐，其天性也。」（卷二〈漢高帝〉）所以匈奴能以不當漢一郡之力而危害中國，且彼時匈奴國勢正值高峰，故漢初之與匈奴，不論是戰是和，漢朝國勢多處於「以靜制動」之卑勢，因之漢屢進之以劉敬「和親獻賂」之策，仍不能解決匈奴侵邊問題。〔註18〕而賈誼在繼劉敬之後，提出了他「戰德」之利制政策，其立論雖能掌握匈奴掠盜漢邊之事實，然而「三表」、「五餌」法之內容似是不切實際，司馬遷曾言漢初匈奴問題是「唯在擇任將相」（《史記‧匈奴列傳》）而已，班固亦言匈奴：「政教不及其人，正朔不加其國，來則懲而御之，去則備而守之，其慕義而貢獻，則接之以禮讓，羈縻不絕，使曲在彼，聖王制御蠻夷之常道也。」（《漢書‧匈奴傳》）班固認為先王之制御蠻夷，尚且「來則懲而御之，去則備而守之」，若「慕義而貢獻」者亦不過「使曲在彼」，而賈誼徒以「三表」、「五餌」之「德召示利」之法，即欲以制服匈奴蠻夷之族，並稱：「將必以匈奴之眾為漢臣民，制之，令千家而為一國，列處之塞外，自隴西延至遼東，各有分地以衛邊，使備月氏、灌窳之變，皆屬之直郡，然後罷戎休邊，民天下之兵。」（〈匈奴〉）其言雖非為不可能，然亦難免於未曉終始利害，故班固譏之「其術固以疏矣」（《漢書‧賈誼傳》），恐為不誣也。

〔註18〕劉敬之匈奴政策所以無法有效制止匈奴，王夫之嘗對此提出他個人見解與批評，依王氏之見他認為匈奴天生之猛悍習性，是造成漢朝和親無法成功之原因，其詳細說明參見氏著《讀通鑑論》卷二〈漢高帝〉，北京：中華書局，1975年。

第七章 結 論

　　自秦入漢，漢高祖於推翻暴秦之下建立漢朝，故漢初之思想家於懲惡亡秦之餘，莫不以秦尚法亡國為戒，如陸賈《新語》、賈誼《過秦論》及賈山〈至言〉等等，都顯現了漢初反對法家思想之特點，而在此上下一片檢討秦亡之風氣中，漢初學者多諱言法家，並一致推崇儒家仁義為國家長治久安之道。然而漢初思想雖云反法和貶法，但是在國家政治制度仍一切承秦之舊的情形下，漢初之中央集權式政治根本無法與法家脫離關係，故一旦面臨現實權力問題時，法家主張不但被實踐，而且為了因應國家集權統治之需要，漢初法家有著「儒家化」思想出現，相對的儒家則有「法家化」之情形出現，儒法兩種思想可以說皆有著進一步的發展改造與互相交濡之趨向，〔註1〕而漢初這種儒法並存之現象，我們正可從賈誼思想中發覺。

　　賈誼哲學思想即呈現出他綜合儒、道、法三家思想，為漢代建立一完整的政治社會價值和倫理道德標準的意圖。賈誼以「道」、「德」說明萬物創生之根據和過程，以「道」為宇宙本體和治理天下的最高存在，「虛」與「術」分別代表著道的體用特性與作用，並以「德」之「六理」的創生歷程，說明道的本體形上性如何落實於現實世界，然後上接儒家六藝完成人生價值系統。賈誼提出道德論建構其尚「六」的哲學體系，依此解釋宇宙創生之形上根源問題，此中賈誼以「六」為基礎，建構其宇宙人生論，表現出賈誼哲學

〔註1〕　參見張純、王曉波《韓非思想的歷史研究》第七章漢代陽儒陰法的形成，臺北，聯經出版，1987 年，頁 248～262。余英時《歷史與思想》〈反智論與中國政治傳統──論儒、道、法三家政治思想的分野與匯流〉一文，臺北，聯經出版社，1976 年。

思想上的創思，然而賈誼尚「六」之哲學觀念並未為後世所發揚和繼承。

賈誼對天之認識，主要承襲自古代「天意」、「天志」的「人格天」觀念而來。但天的作用和地位在賈誼思想中只是純為政治性意義的。賈誼以民本德治和國君行為及治國施政之良窳來說明天意表現之所在，在政治意義上賈誼認為天是具有禍福妖祥能力的最高主宰，天之於人的意義主要為國君行為和治國理政之最高憑依所在。在賈誼思想中，天之地位和其道之形上本體的最高存義和創生性是無法等同的。

而就人與道之關係言，賈誼主張萬物稟道德而生，人和物皆以「六理」、「六法」為內涵。據此賈誼在人之行為上推衍出「六行」，認為人實踐六行，是依「道」而生的最高道德行為表現，故人只要能從聖王所制定的六藝之教，努力完成「六行」的要求，如此人生和宇宙就能完全緊密的聯繫，本體的存在和道德的行為問題便能融合而為一。

賈誼對人性善惡根源之解釋，認為人與物同性，其「生之謂性」的人性論看法，使人無有認識和實踐六行的自覺能力。而人之善惡行為的產生，便成為來自於外在之環境（勢）使之也，故教育和環境所形成之外在之「勢」，便成為影響人行為善惡的主因。因此當人們要去惡成善，必待後天之教化與學習，營造出良善環境，謹慎教化，方能使人去惡成善。賈誼重「勢」的人性善惡論，使其開展出重視太子教育和慎選國君左右輔佐的政治主張。

賈誼哲學思想架構，基本上是立基於道家「道」、「德」的觀點上，他以法家思想來說明「道」之「虛」、「術」之體用性的現實意義，並以儒家政治理想作為其哲學思想價值的最高依歸。這當中賈誼綜合了儒、道、法三家思想，提出的「虛」「術」和「六理」「六行」的尚「六」哲學體系，亦表現出其哲學上的創思精神。從賈誼哲學思想之根源和變遷性而言，賈誼結合儒道法三家思想，試圖為漢初政治建造形上根據的哲學體系，反映了漢初思想之**趨勢**，及當時實事求是的社會要求，這是我們是無法從哲學純邏輯的推理角度去加以批評的，但其的哲學思想中特別重視「六」的觀念，表現了他天才獨創性的一面，這是可以肯定的。〔註2〕

〔註 2〕 任繼愈認為賈誼哲學思想中之尚「六」觀念是承自秦朝的尚六的傳統，並斷定〈道術〉、〈六術〉、〈道德說〉為賈誼早期的作品，見氏著《中國哲學發展史》（秦漢）〈從陸賈到賈誼〉，北京：人民出版社，1985 年，頁 160。然而徐復觀認為，賈誼所以特別重視六的觀念，必配足六的數字，可能是因為立足於六藝之上，由六藝而向上推，向下衍，是前無所承的，見氏著《兩漢思想

　　綜合各家思想建構適合漢代統治秩序和倫理價值的思想根據，乃賈誼哲學思想之基本訴求和目的。自時代思想背景而言，賈誼綜合儒、道、法三家思想建構其哲學體系的精神，正體現出漢初無特定之文化系統下，摻用各家思想，因時權變，以切於實用作為目的之時代趨勢與需求。

　　再就漢初思想發展之趨勢來看，雖然賈誼思想和黃老思想，皆有著「兼揉各家」的思想特色，然賈誼綜合儒、道、法，由天而人所建構的哲學思想體系，比起黃老主「虛靜」尚「無為」的作法，其的哲學思想甚至政治主張，可以說更具積極性。在思想發展史上，賈誼哲學思想不僅體現出漢初的時代需求和思想水平，更有其時代性和代表性意義存在。

　　以賈誼之政治思想而言，賈誼自秦亡的歷史教訓中，對法家任法嚴刑的缺失有極其深刻的批評，他歸結秦亡的原因在於「仁心不施，攻守之勢異也」，故在「取與攻守不同術」的主張下，他主張統治者治國理民應「觀之上古，驗之當世，參之人事。」然後「審權勢之宜，去就有序，變化因時。」知「因勢權變」的道理。因此，在其「因勢權變」的原則下，基於秦亡的歷史教訓，賈誼提出以儒家「仁政愛民」思想作為治國理民的根據，並且基於漢初集權政治的需求，對於漢初政府所面臨之政治問題，主張以儒家「禮」思想作為解決漢初政治問題與思想統治之憑依。然而，賈誼雖主張以儒家「禮」作為人們一切行為準則與價值規範，但是在漢代「尊君集權」政治與賈誼支持「尊君集權」之政治立場下，實際上賈誼所提出之儒家「禮」思想，則是透過其「因勢權變」之政治原則，經由法家「勢」之運用而實踐著法家「尊君集權」之政治主張，故面對政治上之制度疏闊與諸侯王之僭越問題時，賈誼主張應建立起「尊卑分明」之政治規範，確立君臣之間「君尊臣卑」之分際，並自客觀形勢之重新安排來改變中央與諸侯王之間的形勢，即以法家「權勢法制」之力量，經由「定地制」之「眾建諸侯」方式來削弱諸侯王之力，以解決漢初諸侯王的叛亂問題。從上述賈誼之政治思想中，我們發現，事實上賈誼面對現實問題時主張的是法家制度與主張。另外，在賈誼「國君規範」、「太子教育」與「民本思想」之政治主張中，從其主張以儒家仁政愛民思想與忠、信、仁、義規範來規範國君，進至以「禮」教育太子和主張「君明吏賢」、「吏賢民治」為內容之民本思想等等，賈誼這些思想主張則主要是以儒家思想為

史》卷二〈賈誼思想的再發現〉七、賈誼的哲學思想，臺北，台灣學生書局，1993 年，頁 170。

主，環繞國君爲核心而展開，我們可以說，賈誼在現實上主張的是法家制度，政治理想上倡言的是爲儒家思想。

社會思想方面，對於漢初因黃老無爲政治所產生之種種社會失序現象，賈誼提出了以「禮」爲「定經制」之思想主張，而賈誼之「定經制」思想，乃是上至政治中君臣關係，下至父子六親之人倫，以及社會經濟秩序與風氣等等，其主張一切皆應於儒家「禮」之規範下來尋得其價值準則與行爲規範，依儒家「禮」建立起社會之禮治秩序。故於儒家「禮」之「尊君卑臣」的規範下，賈誼主張政治上應確立君臣之間的交接分際，並建立起「上仁愛，下忠敬」之相對倫理關係。社會人倫秩序方面，亦須在「禮」之「尊卑分明」「上下有則」的規範下，維持社會正常之人倫秩序關係，使父子、兄弟、姑婦之六親人倫之間能夠有尊卑、貴賤、大小之井然秩序。經濟上，對於漢初因商業興盛和商賈奢靡無制所產生之尚利輕義之社會風氣，賈誼同樣主張以「禮」教來移風易俗以確立社會正確之價值與規範。然而，賈誼之社會思想雖主張經由「禮」之「定經制」方式來重建社會秩序，但對於現實上如何推行禮教以重整社會秩序之移風易俗問題，賈誼認爲在「以禮義治之者積禮義，以刑罰治之者積刑罰，刑罰積而民怨背，禮義積而民和親」之下，雖然「禮」能「禁於將然之前」，但爲了止姦杜惡「禁於已然之後」社會不能沒有法律，所以基於現實情況，賈誼認爲移風易俗之實際工作應「禮」與「法」並存兼顧，但是以「禮」爲主而「法」爲輔，在賈誼此「禮法並用」而「禮主法輔」的社會思想下，我們發覺，賈誼對於如何重建漢初社會之道德秩序與價值規範問題，其看法仍是在理想上倡言儒家思想，而實際上在不廢法之思想型式下展開的。

至於賈誼之經濟思想，爲了解決漢初因經濟政策疏闊使國家重農政策不彰，和「趨末逐利」之社會風氣導致「背本趨末」與「商業興盛」之社會經濟問題，賈誼於漢初「上惠不通，農本荒怠」、「公私之積，猶可哀痛」之經濟情況下，自富民備患和正風辨序的理由，延續了秦以來法家「重農抑商」之經濟政策，提出「重農蓄積」與「抑商戒奢」之經濟主張，賈誼之經濟主張主要是站在「農本」經濟的立場上，反對一切無利本業與浪費奢靡之事。另外，賈誼對於漢初高祖以來因幣制變動與文帝縱民放鑄，所產生之「通貨膨漲」和「錢用不信」、「刑罪積下」、「農本荒蕪」等等社會經濟問題，他於主張「禁鑄」之立場下，提出「挾銅禁鑄」之「銅禁」政策，企圖經由「七

福」之事來建言政府恢復「禁鑄」政策，改善因放鑄政策下所造成之社會經濟問題。由賈誼之經濟思想來看，賈誼於農本富民和端正社會風氣之前提下，提出其「重農抑商」政策企圖振興漢初經濟，而其「重農抑商」政策正是法家主張的實踐，至於「禁鑄」主張，則主要建立在現實之社會與經濟問題上，自政府放鑄後所產生之「三禍」之事來具體分析和建言，故頗具實際意義。

此外，對於漢初因匈奴國力強大，而迫使漢初政府採取「和親獻略」方式作為禦匈政策之情形，賈誼認為漢朝對匈奴這種「歲致金絮繒綵」的作法，無異是向匈奴稱臣「為戎人諸侯也」，故他從「漢尊匈卑」之觀點，自形勢上將漢、匈之關係比喻為「倒縣」和「躄人之痱」，並利用匈奴嗜漢物之弱點，提出了「三表」、「五餌」之匈奴政策，主張以「三表」、「五餌」之「耀蟬之術」來弱化匈奴，誘降其民，而賈誼所謂「三表」、「五餌」之策，乃是向匈奴示之以「信」、「愛」、「好」三德，和用「牽其耳，牽其目，牽其口，牽其腹，四者已牽，又引其心。」（〈匈奴〉）之方式來制服匈奴。觀賈誼之匈奴政策，基本上主要是來自他對匈奴之生活習性的觀察與了解，建立在經濟利誘方式上，企圖以利誘腐化之「戰德」政策來克制匈奴，其立論雖能掌握匈奴侵漢之部份事實，然而「三表」、「五餌」之法似嫌不夠實際。

綜合賈誼思想，在漢初儒法並存的思想背景下，賈誼思想呈現了幾項意義：

一、「勢」在賈誼思想中有著極為突出之地位，由於賈誼之思想主張主要是針對現實問題所提出，因此特別的著重於對現實形勢之觀察和對問題之客觀分析，故賈誼不僅自「形勢」的觀點分析了秦亡原因，提出「因勢權變」之政治原則，並在其「因勢權變」的原則下，基於漢初中央集權政治之需求，運用「勢」將儒家「禮」轉化為一種集權之勢的「禮」，將儒家「禮」思想「法家化」，為漢代之集權統治尋找到合理的儒家思想根據，並亦在「勢」之指導下，提出「眾建諸侯」政策來解決中央與諸侯王之間的對立問題，以及建立其「蚤諭教，選左右」之環境教育論。另外，對於漢初之匈奴問題，賈誼同樣以「勢」之觀點來分析漢、匈關係，主張以「三表」「五餌」政策來對付匈奴。由此可見，賈誼思想之形成主要來自他對現實問題之觀察，建構在客觀「形勢」之分析上，提出他個人之思想主張。

二、賈誼思想主要以儒家理論提出而實踐上則為法家思想，如政治思想上，他於《過秦論》中主張應「仁政愛民」和對「君道」之要求，以及以「禮」

來教育太子等，但實際上在漢初「尊君集權」之政治背景下，賈誼主張必須遵守如法家一般嚴竣之「尊君卑臣」的禮制規範。社會思想方面，賈誼同樣在理想上倡言以儒家「禮」「定經制」，主張建立起上下分明且相對之社會倫理規範，然而於移風易俗之工作上，他則認為應於「禮主法輔」之不廢法的情形下來進行。經濟思想方面，面對現實之經濟問題時，賈誼延續了秦以來之法家「重農抑商」政策，於「蓄積戒奢」之主張下提出「農本富民」之經濟思想。由賈誼思想中之儒法並存又彰儒隱法現象來看，賈誼思想這種以儒家理論提出而實踐上為法家主張之作法，即現實政治上實行法家政治而意識上提倡儒家理想之思想型，可以說其思想所呈現的已是「陽儒陰法」之思想型態了。〔註4〕

　　三、賈誼所提出之諸多主張，除匈奴問題有失之疏闊不實之臆側外，政治上之「倡尊君，嚴階級」、「定地制，眾建諸侯」，社會思想之「定經制，明禮教」、「禮主法輔，端風正俗」，經濟政策之「蓄積戒奢」、「重農抑商」、「挾銅禁鑄」等等，賈誼之思想主張皆提供了漢初國家施政之指標，如闡明禮制「倡尊君，嚴階級」建立了漢代「尊君卑臣」之政治規範，「眾建諸侯」政策則為武帝時主父偃「推恩政策」之所本，「重農抑商」、「挾銅禁鑄」政策確立了漢代農本經濟之指導方針，並為武帝統一幣制確立「三官錢」開闢道路，凡此等等，賈誼之思想主張可謂為漢代未來國家之施政方向立下了指導作用。

　　由上述賈誼《新書》所呈現之內容意義來看，在漢初文景時期黃老思想盛行之際，賈誼為了替漢初之集權統治尋找合理之儒家思想根據，在順應漢初政治情況下，推出法家意味極濃之「尊君卑臣」的儒家「禮」思想，而賈誼《新書》中所表現的這種儒法相互交濡而彰儒隱法之思想趨勢，可以說是在武帝提倡儒術之前，已為漢代之思想統治模式作了先導作用，故以賈誼《新書》作為觀察漢初局勢與思想發展之至要文獻，則是書固有其不可磨滅之價值在。而由秦入漢，漢初雖已改朝換代，但是在國家社會狀況並無任何改變之情形下，賈誼《新書》一書可謂揭露時政直指漢初各層面之諸種缺失，並

〔註4〕張純、王曉波《韓非思想的歷史研究》云：「『陽儒陰法』有三個層面的意義：一、為以儒家理論提出而實踐上為法家的主張，其中有『儒家化』的法家，也有『法家化』的儒家。二、為在政治上以儒家掌『教化』，而以法家掌『吏治』，故儒家『言』，而法家『行』。三、在意識型態上，提倡儒家的理想，而在現實政治上實行法家的制度。」參見氏著，第七章漢代陽儒陰法的形成，同前註1，頁249。

反映漢初政治、社會、經濟、外患等各個層面之事實，如《新書・黃寶序》
所云：

> 中閒如鑒秦俗之薄，惡指漢風之奢僭。請定經制，述三代之長久。
> 深戒刑罰，明孤秦之速亡。譬人主之如堂，所以優臣子之禮。置天
> 下于大器，所以示安危之機。凡憂民、傅職、官人、大政等篇，皆
> 經濟之大略，又有國者所以當鑒也。

賈誼針對漢初諸弊端所提出之建言，雖有其不免疏闊之處，然「通達國體」
之處，仍時常有之，故班固稱其「雖不至公卿，未爲不遇也。」實非溢美之
言也。

參考文獻

一、專著書籍

1. 《新書》，抱經堂叢書本，〔清〕盧文弨校，臺北，中華書局，1978年。
2. 《新語》，〔漢〕陸賈，臺北，中華書局，1965年。
3. 《韓非子》，韓非，臺北，中華書局，1965年。
4. 《史記》，〔漢〕司馬遷，臺北，七略出版社，1991年。
5. 《漢書》，〔漢〕班固，臺北，鼎文書局，1987年。
6. 《隋書》，〔唐〕魏徵，臺北，中華書局，1965年。
7. 《舊唐書》，〔後晉〕劉昫，臺北，中華書局，1965年。
8. 《新唐書》，〔宋〕歐陽修、宋祈，中華書局，1965年。
9. 《宋史》，〔元〕托克托，臺北，中華書局，1965年。
10. 《賈子探微》，祁玉章，臺北，三民書局，1969年。
11. 《賈誼研究》，蔡延吉，臺北，文史哲出版社，1984年。
12. 《賈誼評傳附陸賈晁錯評傳》，王興國，南京大學中國思想家研究中心，1991年。
13. 《賈長沙集》，林家驪注，陳滿銘校，臺北，三民書局，1996年。
14. 《黃氏日鈔》，（宋）黃震，臺灣商務印書館，1983年。
15. 《古今人物論》，（明）鄭賢輯，臺北，廣文書局，1974年。
16. 《惜抱軒詩文集》（四部），〔清〕張心澂編，臺灣商務印書館，1960年。
17. 《二十二史箚記》，〔清〕趙翼，臺北，世界書局，1962年。
18. 《讀通鑑論》，〔清〕王夫之，北京，中華書局，1975年。
19. 《風俗通義》，〔漢〕應劭，臺灣商務印書館，1990年。

20. 《日知錄》，〔清〕顧炎武，臺灣商務印書館，1978 年。

21. 《兩漢三國政治思想》，王雲五，臺北，臺灣商務印書館，1968 年。

22. 《兩漢選士制度》，曾維垣，臺北，臺灣商務印書館，1970 年。

23. 《先秦政治思想史》，梁啟超，臺北，東大圖書出版，1970 年。

24. 《秦漢史》，呂思勉，臺北，臺灣開明書店，1983 年。

25. 《秦漢史》，翦伯贊，香港，中國圖書刊行社，1984 年。

26. 《秦史稿》，林劍鳴，臺北，谷風出版社，1986 年。

27. 《西漢前期思想與法家的關係》，林聰舜，臺北，大安出版社，1991 年。

28. 《秦漢史》，錢穆，臺北，東大出版，1992 年。

29. 《黃老學說與漢初政治平議》，司修武，臺北，臺灣學生書局，1992 年。

30. 《兩漢思想史》，徐復觀，臺北，臺灣學生書局，1993 年。

31. 《漢代社會性質研究》，楊生民，北京師範學院出版社，1993 年。

32. 《秦漢的方士與儒生》，顧頡剛，臺北，里仁書局，1995 年。

33. 《黃帝四經今註今譯》，陳鼓應註，臺北，臺灣商務印書館，1995 年。

34. 《兩漢文學學術研討論文集》，王初慶等，臺北，華嚴出版，1995 年。

35. 《秦漢史》，韓復智等編著，臺北，空大用書，1996 年。

36. 《匈奴汗國的末日》，張端仕，臺北，星光出版社，1979 年。

37. 《史學方法論叢》，黃俊傑，臺北，學生書局，1981 年。

38. 《韓非思想的歷史研究》，張純、王曉波，臺北，聯經出版，1994 年。

39. 《漢王國與侯國之演變》，王恢，國立編譯館中華叢書編審委員會，1984 年。

40. 《中國文化與中國的兵》，雷宗海，臺北，里仁書局，1984 年。

41. 《中國哲學發展史》（秦漢），任繼愈，北京，人民出版社，1985 年。

42. 《中國社會思想史》，張承漢，臺北，三民書局，1986 年。

43. 《韓非的法治思想及其歷史意義》，蔡英文，臺北，文史哲出版，1986 年。

44. 《秦漢史》，勞榦，臺北，中國文化大學出版，1986 年。

45. 《匈奴史論》，劉學銚，臺北，南天書局，1987 年。

46. 《中國經濟史論叢》，傅筑夫，臺北，谷風出版，1987 年。

47. 《中國古代思想史論》，李澤厚，臺北，漢京文化出版，1987 年。

48. 《中國思想傳統的現代詮釋》，余英時，臺北，聯經出版，1987 年。

49. 《西漢政治思想論集》，賀凌虛，臺北，五南圖書出版，1988 年。

50. 《中國社會政治史》，薩孟武，臺北，三民書局，1988 年。

51. 《國史大綱》，錢穆，臺北，台灣商務，1995 年。

52. 《漢史論集》，臺北，文史哲出版社，1980 年。

53. 《歷史與思想》臺北，聯經出版社，1976 年。

54. 《歷史哲學》，牟宗三，臺北，臺灣學生書局，1988 年。

55. 《秦漢賦役研究》，黃今言，南昌，江西教育出版社，1988 年。

56. 《中國知識階層史論》，余英時，臺北，聯經出版，1989 年。

57. 《中國教育思想史》，郭齊家，臺北，五南書局，1990 年。

58. 《中國哲學史新編（二）》，馮友蘭，臺北，藍燈文化事業公司，1991 年。

59. 《中國歷史轉型時期的知識份子》，余英時，臺北，聯經出版，1992 年。

60. 《中國經濟制度史論》，趙岡、陳鐘毅，臺北，聯經出版，1992 年。

61. 《中國古代貨幣思想史》，蕭清，臺北，臺灣商務印書館，1992 年。

62. 《中國政治思想史》，蕭公權，臺北，聯經出版，1993 年。

63. 《中國秦漢經濟史》，冷鵬飛，北京人民出版社，1994 年。

64. 《中國教育史》，程方平、畢誠，臺北，文津出版，1996 年。

65. 《秦漢時期的黃老思想》，陳麗桂，臺北，文津出版，1997 年。

66. 《社會學》，葉至誠，臺北，揚智文化事業，1997 年。

67. 《中國文學發展史》，劉大杰，臺北，華正書局，1994 年。

68. 《漢唐史論集》，傅樂成，臺北，聯經出版，1977 年。

二、博碩論文

1. 《賈誼研究》，吳美慧，臺大中文研究所碩論。

2. 《賈誼研究》，蔡尚志，政大中文研究所碩論，1977 年。

3. 《漢代豪族研究——豪族的士族化與官僚化》，劉增貴，台大歷史研究所，1986 年。

三、單篇論文

1. 〈賈誼學述三編〉，王更生，《慶祝林尹先生六秩誕辰論文集》。

2. 〈賈誼弔屈原賦箋評〉，楊胤宗，《建設》，23 卷，3 期，民國 63 年 8 月。

3. 〈賈誼思想的再發現〉，徐復觀，《大陸雜誌》，51 卷，3 期，民國 64 年 9 月。

4. 〈讀賈誼思想的再發現施之勉〉，《大陸雜誌》，52 卷，1 期，民國 65 年 1 月。

5. 〈賈誼春秋左氏承傳考〉，王更生，《孔孟學報》，35 期，民國 67 年 4 月。

6. 〈賈誼和晁錯的政治思想〉，黃錦鋐，《東海學報》，18 期，民國 66 年 6 月。

7. 〈重定賈誼年表——附賈誼後世考〉，王更生，《國文學報》，7 期，民國 67 年 6 月。

8. 〈賈誼論〉，賴福順，《簡牘學報》，8 期，民國 68 年 2 月。

9. 〈賈誼略論〉，馮濟灝，《復興崗學報》，20 期，民國 68 年 4 月。

10. 〈賈誼《新書》研究〉，蔡尚志，《嘉義師專學報》，10 期，民國 69 年 5 月。

11. 〈賈誼及期作品析論〉，陳滿銘，《國文學報》，9 期，民國 69 年 6 月。

12. 〈救世愛國的少年賈誼〉，王更生，《中華文化復興月刊》，13 卷，8 期，民國 69 年 8 月。

13. 〈洛陽才子賈誼的政治思〉，張金鑑，《中原文獻》，13 卷，11 期，民國 70 年 11 月。

14. 〈賈誼生平研究〉，蔡尚志，《教師之友》，民國 71 年 3 月。

15. 〈陸賈與賈誼對漢初政治思想與文化之貢獻（上）〉，魏元圭，《中國文化月刊》，72 期，民國 74 年 10 月。

16. 〈陸賈與賈誼對漢初政治思想與文化之貢獻（下）〉，魏元圭，《中國文化月刊》，73 期，民國 74 年 11 月。

17. 〈賈誼的道論王興國〉，《中國文化月刊》，115 期，民國 78 年 5 月。

18. 〈賈誼思想中的儒法結合特色〉，林聰舜，《清華學報》，20 卷，2 期，民國 79 年 12 月。

19. 〈賈誼「弔屈原賦」解題〉，吳福助，《中華文化月刊》，142 期，民國 80 年 8 月。

20. 〈「禮」世界的建立—賈誼對禮法秩序的追求〉，林聰舜，《清華學報》，23 卷，2 期，82 年 6 月。

21. 〈賈誼和他的政論文〉，閻振益，《國文天地》，9 卷，2 期，民國 82 年 7 月。

22. 〈從《新書》看賈誼融合儒、道、法的思想要論〉，陳麗桂，《國文學報》，25 期，民國 85 年 6 月。

23. 〈論賈誼的學術並及前後的學者〉，戴君仁，《大陸雜誌》，36 卷，4 期。

24. 〈關於賈誼《新書》真偽問題的探索〉，《北京大學學報》魏建功等（人文科學版），5 期，1961。

25. 〈略論賈誼的樸素唯物辯證思想〉，王德裕，《重慶師院學報》，2 期，1992 年 9 月。

26. 〈賈誼的民本思想及其歷史地位〉，李森，《鄭州大學學報》，5 期，1992 年。

27. 〈論賈誼的禮學觀〉，華友根，《江海學刊》，1996 年 3 月。

28. 〈論貫誼的政治思想〉,張一中《秦漢史論叢》(第二輯)《中國秦漢史研究會編》,陝西人民出版社,1983 年。

29. 〈漢初黃老思想下「禮法」合流之探析〉,詹哲裕,《復興崗學報》,52 期,民國 83 年 9 月。

30. 〈西漢中央政制與儒法兩家思想〉,楊樹藩,《簡牘學報》,5 期,民國 66 年 1 月。

31. 〈由黃帝四經論漢初黃老政治,張友驊,《簡牘學報》,5 期,民國 66 年 1 月。

32. 〈漢匈戰爭與自然環境的關係〉,傅樂治,《簡牘學報》,5 期,民國 66 年 1 月。

33. 〈漢初豪傑與布衣政權的建立〉,王文發,《歷史學報》(師大),5 期,民國 66 年 4 月。

34. 〈西漢重農政策的理論與實際〉,王文發,《歷史學報》(師大),6 期,民國 67 年 5 月。

35. 〈西漢文景時代政情之分析〉,傅樂成,《國立臺灣大學歷史學系學報》,5 期,民國 67 年 6 月。

36. 〈漢初宗室功臣誅諸呂政變之研究〉,張開乾,《女師專學報》,10 期,民國 67 年 6 月。

37. 〈匈奴勢力和漢民族之政治的消長〉,賴明德,《國文學報》,7 期,民國 69 年 6 月。

38. 〈西漢政治制度的特質〉,陳春生,《東方雜誌》12 卷,8 期,民國 68 年 2 月。

39. 〈西漢前期(高祖至武帝初年)與匈奴和戰之探討〉,林正全,《研究生》,19 期,民國 69 年 9 月。

40. 〈西漢前期的削藩政策及其對政治之影響〉,洪神皆,《文史學報》(中興大學),10 期,民國 69 年 9 月。

41. 〈匈奴與西漢之和戰〉,學銚,《中國邊政》,79 期,民國 71 年 9 月。

42. 〈漢初的黃老之治與法家思想〉,王曉波,《食貨月刊》11 卷,10 期,民國 71 年 1 月。

43. 〈試論西漢時期列侯與政治之關係〉,廖伯源,《新亞學報》,14 期,民國 73 年 8 月。

44. 〈戰國末思想紛歧及秦漢間儒者的艱鉅任務〉,劉光義,《東方雜誌》18 卷 10 期,民 4 年 4 月。

45. 〈由國營事業廢存之爭看西漢儒者的思想:讀「鹽鐵論」札記〉,徐漢昌,《國文天地》3 卷,4 期,民國 76 年 9 月。

46. 〈西漢禮學之考察〉，王關仕，《中國學術年刊》，10 期，民國 78 年 2 月。

47. 〈尋求思想統一：秦漢之際的社會思潮〉，李宗桂，《中國文化月刊》，124 期，民國 79 年 2 月。

48. 〈漢初經濟概況暨賈誼之經濟政論〉，徐麗霞，《實踐學報》，21 期，民國 79 年 6 月。

49. 〈西漢之際的黃老學派之思想（上）〉，趙雅博，《中國國學》，20 期，民國 81 年 11 月。

50. 〈西漢之際的黃老學派之思想（下）〉趙雅博，《中國國學》，20 期，民國 81 年 12 月。

51. 〈漢初黃老思想下「禮法」合流之探析〉，詹哲裕，《復興崗學報》，52 期，民國 83 年 9 月。

52. 〈中國真正統一於西漢〉，林劍鳴，《二十一世紀》，25 期，民國 83 年 10 月。

53. 〈略論漢初的黃老之學〉，楊育坤《秦漢史論叢》（第二輯）《中國秦漢史研究會編》陝西人民出版社，1983 年。

54. 〈西漢專賣政策的發展與演變〉，羅慶康，《暨南學報》（哲社），2 期，1990 年。

55. 〈略論匈奴族的冒頓單于〉，陳作梁，《河南大學學報》（哲社），1 期，1990 年。

56. 〈吳楚七國之亂〉，唐贊功，《文史知識》，10 期，1990。

57. 〈匈奴生活習俗論〉，舒順林，《內蒙古師大學報》（哲社），1 期，1991 年。

58. 〈從西漢抑商政策看官僚地主的經商〉，晉文，中國史研究，4 期，1991 年。

59. 〈戰國至漢初學術思想變遷趨勢之鳥瞰〉，彭林，《北京師範大學學報》2 期，1992 年。

60. 〈西漢史分期當議，王雲度，《徐州師範學院學報》（哲社版），4 期，1995 年。

61. 〈劉邦與異姓諸侯王〉，陳玉屏，《西南民族學院學報》（哲社版）1995 年 3 月。

62. 〈試論西漢「文景之治」的歷史性失誤〉，周鼎初，《咸寧師專學報》1995 年 4 月。

63. 〈西漢的禮法結合及其在中國法律史上的地位〉，華友根，《復旦學報》（社科版）1995 年 6 月。

64. 〈匈奴文化與中原文化價值觀之比較〉，蕭瑞玲，《文化研究》1995 年 5 月。

65. 〈漢代循吏的治民原則、措施及其實施效果〉楊靜婉,《湘潭大學學報》（哲社版）,4 期,1995 年。

66. 〈論儒家經濟道德的兩重性〉,戢斗勇,《河北學刊》,3 期,1995 年。

67. 〈傳統賤商觀念再探討〉,胡發貴,《學海》,2 期,1995 年。

68. 〈劉邦布衣集團與西漢政權的建立〉,曹家齊,《徐州師範學院學報》（哲社版）,1 期,1996 年。